此致

將此書獻給
一切創造的源頭。

——雷‧強德蘭 Rae Chandran

目錄 Contents

寫在開始之前

　　本書結合多元層面來介紹讀者靈性修鍊法，從協助靈性療癒的天使、龍、埃及神廟符號，然後有身體層次的元素符號、以羅欣符號、療癒符號修鍊，接著是宇宙意識提升如新人類符號、光的符號、星際門戶符號等，最後進入視覺符號和聲音符號等自我新發現的領域。各系列符號概念介紹如下：

【天使與大天使符號】

　　在 2012 年行星意識轉變之後，每個人類都被分配了五位天使來協助提升自身振動，讓每個人類都能夠完全進入揚昇狀態。

【宇宙符號】

　　是從許多次元維度與實相中較高的光的存有們傳訊而來的，這些符號蘊含量子意識，幫助我們直接連結地球的超級意識或者大中央太陽的能量。

【跨次元維度之龍符號】

　　存在於其他實相裡偉大之光的存有中，祂們支持地球完全進入水晶意識。

【埃及神廟符號】

　　2012 年 12 月 12 日由圖特大師傳訊得來的。每個符號代表在覺醒的過程中我們自身的某個面向，有助於移除每天對我們影響很大的「罩紗」。

【元素符號】

我們的身體由元素構成，主要包刮四個要素—地（土），風、水、與火，而我們必須讓內在的元素保持平衡，才能夠體驗平衡的生活。

【以羅欣符號】

運用來自造物主的意圖能量並且把它顯化成為形狀。以羅欣與我們大腦結構的線路、我們的思想，以及我們大腦中的印記有連結。

【農耕符號】

來自於蓋婭的傳訊，透過在地上畫出這些符號，人們就可以改變土壤的分子結構以及在該土壤中生長的種子或植物或樹木的分子結構。

【療癒符號】

為我們帶來特定的療癒，無論是在身體上或心智體，都可以透過釋放有毒的信念與思維模式，進行情緒體的療癒。

【瑪哈昆達里尼符號】

完全啓動與整合此股能量，可以發射出一對一的最高潛力，跳脫出生與死的循環，並且獲得我們是誰與創造的完全覺知。

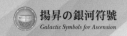

【新人類符號】

2012 年 12 月 12 日之後從圖特大師傳訊得來的，代表這個星球轉變之後與整合全新的意識之後的新人類，讓每個人類再次成為銀河的一部分並且成為銀河的公民。

【光的符號】

光是神的資質或本質。在浩瀚的宇宙中有數以百萬計的光。為達到揚昇的目的，我們必須完全整合十八道光。

【星際門戶符號】

星際門戶是我們可以在冥想時進入的門戶，我們可以穿過這些門戶獲得更高的智慧與能量。

【視覺符號】

基於薩滿實踐的原則而創建，通過靈視般的夢境與想像放下與發現自我的能力，將帶領我們到另一個自我發現的領域，並且最終進入內在覺知與智慧之處。

【聲音符號】

宇宙中的一切都是由聲音與幾何構成的，我們的內在俱有聲音密碼，以及八種幾何圖案，可以幫助我們發現自己的聲音頻率。

我們邀情您，一同進入靈性訊息傳遞大師雷・強德蘭的銀河符號世界。

作者序

　　《揚昇の銀河符號》一書的出現，是由於庫圖彌大師（Master Kuthumi）向我介紹神聖幾何圖形與符號。他來到我的面前並要求我研究創造整個宇宙的幾何圖形。這對我來說是一個全新的課題，而透過指導靈的引導，我慢慢被引導到我需要開展這個課題的正確內容與訊息。

　　在我研究這個課題的兩個月裡，愛希斯女神引導我畫出某些圖像與幾何圖形，並要求我對著畫出的圖像進行冥想。我立刻從我製作的圖像裡感受到溫暖與奇妙之愛的感覺，而這就是我創作神聖圖像與符號的起始點。

　　我慢慢地開始了解，較高存有的某些意識無法透過言語來解釋，只有透過高頻振動的圖像與高頻率的聲音才能夠為我們帶來最好的理解。這對我而言是一項新的啟示，於是我便更進一步深入研究這些經常展現在我面前的幾何圖形與圖像，彷彿這些圖像是從宇宙巨大的資料庫下載到我的氣場領域一般，因而繪製出我需要呈現的一切圖像。

　　在我冥想與處於出神的狀態時，看到了不同的圖形與其功能和意義，在人體內的神聖幾何圖形，某些數字及其與體內幾何圖形互動的頻率，還有存在於人體內的音樂頻率，所有這一切都構成我們每時每刻浮現的心智與情緒狀態。

　　我開始對此進行更深入的研究，我注意到，某些圖像能夠

創造能量場,而這些能量場可以被植入到人類的氣場系統中,為我們帶來某些我們想要的結果。在我看到的幾何圖形中,某些數字與圖像透過排列組合,會產生特定的意識狀態,而我們可以因此獲得超然的體驗。

此外,透過每天對著圖像冥想,我也能夠很快地與更高的實相、我的高我以及我的指導靈連結。我也開始注意到這些圖像對我的影響,特別是當我把這些圖像放在地上或放在我們每天飲用與使用的水上面。所有一切都受到這些圖像散發出來的能量所影響。

我們的靈魂會與某些圖像和聲音頻率產生共鳴,所以我開始製作我個人的靈魂符號,並且當我開始每天使用它來進行冥想時,一些我試圖改變但一直無法成功的某些模式與行為,卻立即發生了轉變。在本書中,我將符號做了許多分類,以方便讀者運用它們。

在獲得這些圖像時,我得到我的指導靈們的大力協助—庫圖彌大師、聖哲曼大師、大天使麥達昶、大天使麥可、愛希斯女神、賽克邁特女神、昆達拉大師、瑪哈阿凡達巴巴吉大師與其他存有們。

這些圖像是我發自內心誠摯地送給大家的禮物,我鼓勵大家好好運用它們。我誠摯的希望你透過這些圖像找到你的真實,或者讓它引導你進入你自己內在的真實與幸福。

——雷・強德蘭

揚昇の銀河符號與冥想方式

在你冥想或處於沉靜的狀態時，只需要將你想要運用的符號圖像帶到你的第三隻眼區域即可。觀想它以任何顏色的光有規律地跳動著。呼吸一下，然後觀想光的跳動越來越快，速度也越來越快。

現在把這個跳動中的光帶到你的脈輪柱，從你頭頂上一個手臂高的位置的第 12 脈輪開始，然後慢慢往下進入其他所有脈輪，一直到達你腳下的地球之星脈輪。在你的腦海裡，觀想它在所有的脈輪內有規律地跳動著——無論是在身體的前面或後面，然後把這個跳動中的光帶入能量管中，能量管位於你的脊柱旁邊（它一直往上延伸到第 12 脈輪，同時也往下到達你腳下一個手臂長的位置）。

觀想它在能量管內跳動，而能量管蘊含有你自己更高的面向。觀想這個跳動的光在能量管內上下移動，這將有助於打開能量管讓它變得更寬，同時也淨化能量管，讓能量更容易在能量管中移動。

把這個跳動的光帶到你金色的氣場中，觀想它在你的周圍跳動，這將有助於淨化你的氣場。

你也可以將此跳動的光，帶入你身體任何需要療癒的部位。當你完成時，可以將此跳動的光帶入您的心臟區域並將其

安置在那裡。你可以隨時在你需要時透過專注，在心臟區域啓
動這個能量，並且許下意圖來啓動符號即可。

願你擁有充滿喜悅的創造與幸福。

天使與大天使符號

Angel and Archangel Symbol Category

如何使用本符號

天使一直扮演著重要的角色，為人類的提昇帶來新的能量與意識。例如：耶穌與穆罕默德大師在提供他們的教導方面，就獲得了天使們的支持。偉大的導師與大師們所創造的奇蹟向來都是天使們的傑作，最具有象徵性的例子之一就是天使以燃燒的荊棘出現在山上，給予摩西十誡教導，另一個例子是將紅海分開。

在 2012 年行星意識轉變之後，每個人類都被分配了五位天使來協助提升自身振動，讓每個人類都能夠完全進入揚昇狀態。大天使們在轉變人類於地球層面的意識上，也扮演著另一個重要的角色，祂們握有讓地球進入第五次元維度的光，並透過整合自身能量與地球人的能量來達成這一點。

符號屬性：

天使們具有純淨的愛的頻率，愛則是創造能量的來源，本符號可提供我們轉移到更高意識所需要的更高頻率的能量。

使用時機：

除了想獲得揚昇意識，再者，想進一步支持宇宙行星轉變時，例如蓋婭女神的能量轉變，就可以使用本符號。每位大天使在宇宙行星轉變中都扮演著重要角色，祂們也支持蓋婭女神—地球活生生的靈魂—調整與適應星球上所發生的巨大轉變。召喚大天使來支持你，是你與祂們的能量整合時唯一要做的事。

➤ 使用方法：

　　我們只需要在就寢之前召喚天使，運用此符號，請求天使將能量與你的能量整合在一起，並且支持你獲得轉移到自己的真實與揚昇意識時，所需要的真理與智慧。

大天使夏彌爾
Archangel Chamuel

協助我們療癒我們心智的虛幻本質，以及協助我們辨
識靈魂內在真正的聲音。

Helps in healing the illusionary nature of our mind and helps one to
distinguish the true inner voice of our Soul.

17

大天使加百列
Archangel Gabriel

新智慧的使者兼任揚昇之聲的創造者—喚醒揚昇能量
的號角。

Bringer of New Wisdom and the Maker of Ascension Sound – the clarion
call to awaken the energy of ascension.

大天使麥可
Archangel Michael

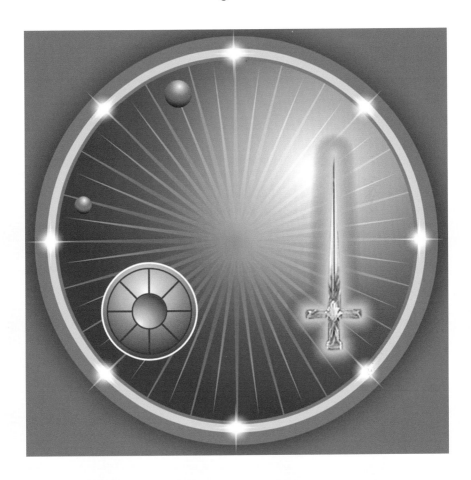

至尊的真理天使兼任新意識方向的指引者，過去數百萬年
來持續不斷地支持著人類。

The Supreme Angel of Truth and Way Shower of New consciousness
and who has been supporting humanity for millions of years.

天使潘維爾
Angel Phanvel

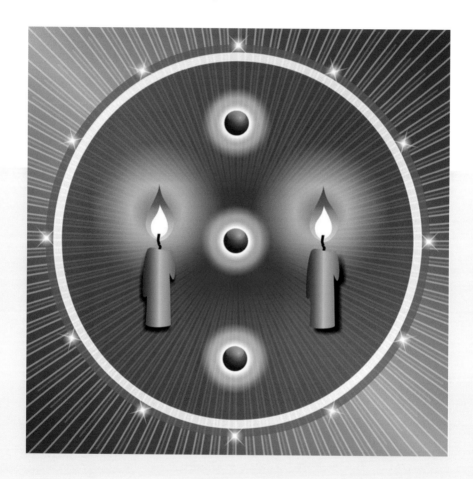

大自然天使。

Angel of Nature.

仁慈天使哈斯代爾
Benevolence Angel – Hasdiel

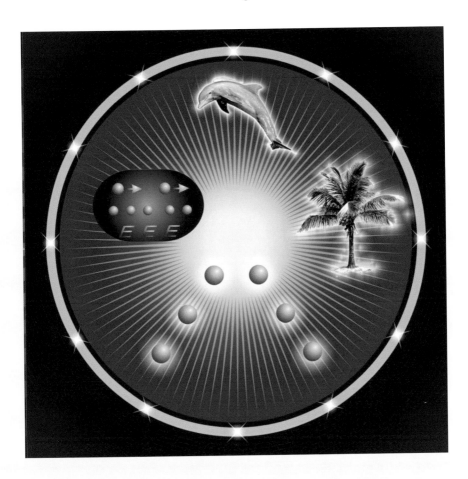

協助我們理解如何能夠仁慈地共創，讓我們與所有被我們
的創造感動的人們同樣地受益。這意味著，從「我」轉移
到「我們」以及「眾生」。

Helps in understanding how we can co-create benevolently so that we
and all those who are touched by our creation is benefitted equally. This
means, moving from Me to Moving to Us and everyone.

21

大天使費絲
Archangel Faith

發展對我們自己的信心——對著這位大天使冥想並且整合
祂的能量，能夠協助我們開啟我們對自己與
造物主的信心。

To develop faith in ourselves – meditating on this angel and integrating
the energies of this Archangel can help us in opening up our own faith in
ourselves and the Creator.

水果天使薩米爾
Fruit Angel Samiel

支持讓地球上所有的水果能夠健康地生長並且富有生命力
的能量。召喚這位天使支持我們去除所有噴灑在所有水果
上的毒素與化學物。

Supports in growing healthy and life giving energy to all the fruits on
the earth. Call on this angel to support in removing all the toxins and
chemicals which are being sprayed on all the fruits.

23

療癒天使阿斯爾
Healing Angel Assiel

專門協助我們收集與整合散佈在宇宙中的靈魂碎片。與大
天使拉斐爾密切合作。

Specifically helps one in gathering and assimilating fragmented soul
parts throughout the Universe. Works closely with Archangel Raphael.

大天使約菲爾
Archangel Jophiel

將生命的模式編織在一起,並且協助我們理解創造的模式
與我們在其中所扮演的角色。

Weaving the patterns of life together and helping us understand the
patterns of Creation and our Role in it.

大天使麥達昶
Archangel Metatron

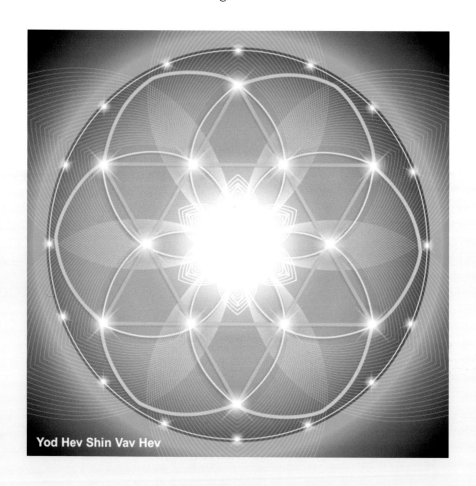

Yod Hev Shin Vav Hev

揚昇天使兼任大角星星際門戶的揚昇守門員。

Ascension Angel and the Gate Keeper of Ascension at the Arcturian Star Gate.

滋養天使伊斯達
Nourishment Angel Isda

支持我們以平衡的方式消化吸收我們食用的食物的能量 /
將不同食物的能量送到身體不同的部位進行滋養與療癒。

Supports in assimilating the energies of the food we eat in a balanced
way/sending the different energies of the food to different parts of the
body for nourishment and healing.

大天使拉斐爾
Archangel Raphael

支持人類療癒情緒體、心智體與物質體──唱頌──爾納
拉法納拉（El Na Ra Fa Na La）是來自拉斐爾大天使的唱頌，
如果充滿感情地唱頌，同時觀想自己在金色神聖蛋形體
裡，你將能夠迅速釋放許多不需要的能量，並且能修復、
協助保持完美的氣場，這意味著，潔淨的心智與潔淨的身
體，將開啟神聖的創造力。

Supporting humanity in healing the emotional body, mental body and
the physical body – The chant – El Na Ra Fa Na La is a chant from
Archangel Raphael and if sung this chant with full feeling while visualizing
yourself in a golden hallow shaped like an egg, you will be able to quickly
release many unwanted energies and also will repair your auric field
and helps you to maintain a perfect auric field which means, clean mind,
clean body and will open up to divine creativity.

聲音天使沙瑪爾
Angel of Sound – Shamael

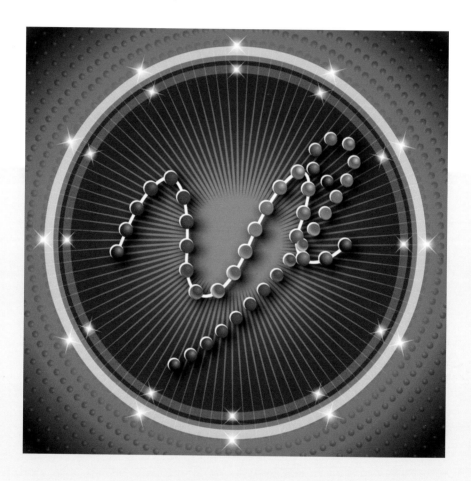

協助我們理解聲音的頻率，並支持我們找到合適的音調與
頻率以便提升我們的意識。

Helps one in understanding the sound frequency and also supports
one in finding the right tones and frequency of sound to elevate our
consciousness.

大天使烏列爾
Archangel Uriel

協助我們理解生命中的優先順序，並協助我們重新發現我
們靈魂的道路與使命，同時也支持物質的顯化。

Helps us to understand our priorities in life and also helps us in re-
discovering our soul path and mission and also supports material
manifestation.

SERIES 2
宇宙符號
Cosmic Symbol Category

如何使用本符號

　　這些符號是從許多次元維度與實相中較高的光的存有們傳訊而來。這些符號蘊含量子意識，光一個強大的符號就可以幫助我們直接連結地球的超級意識，或者大中央太陽的能量。一個量子想法、文字或能量，能夠開啓並將我們連接到一個更高的實相，而最美之處便是，這個量子意識不會與地球的第三次元維度法則一起運作，而地球的第三次元維度的主要法則，便是因果法則。第五次元維度能夠繞過第三次元維度的因果法則，並在我們的生活中創造轉變，而無需讓在第三次元維度的實相裡親身體驗業力療癒或業力平衡。

➤ 符號屬性：

　　使用宇宙符號的目的在於，讓我們能夠更深入自我，同時喚醒自我發現的能量，透過療癒或釋放所有不支持自我完全進入真實的所有能量，以喚醒或開啓新的實相，或進入更高的意識狀態或跳脫自己的限制。

➤ 使用時機：

　　想要療癒心輪、喉輪與太陽神經叢脈輪，以及第 8 到第 33 個所有更高的脈輪時。或者希望開啓自身的慈悲能量，完全接受自己以及他人原來的樣子，就能夠運用這些宇宙符號修鍊，來實現生命中渴望的轉變，並創造快樂幸福的生活。

➤ 使用方法：

　　這些符號充滿著宇宙意識的更高頻率，只要看著它們就能引動自己靈魂真實的記憶。每天對著這些符號冥想將會對我們的幸福狀態產生深遠的影響。

七體平衡
7 Body Balance

如何平衡我們在物質實相裡的眾多層面，從物質體開始，
到心智體、情緒體、靈性體、氣場體、乙太體、能量體。

How to attain balance in the many layers of our physical reality starting
with our Physical body, Mental body, Emotional body, Spiritual body,
Auric body, Etheric Body, Energetic Body.

揚昇
Ascension

揚昇密碼深植於此符號裡。

Ascension Codes are embedded in this symbol.

喚醒內在覺知
Awakening the Inner Knowing

內在覺知是伴隨著我們喚醒內在所謂的昆達里尼蛇
的能量而來的。

Awakening the inner knowing which comes with the energy of awakening
of the Serpent power within us which is called Sekem or Kundalini.

平衡
Balance

實現我們內在男性與女性的能量以及我們內在
陰與陽的平衡。

To achieve the balance between the Male and Female Energies within
us/the Yin and the Yang within us.

身體視覺
Body Vision

象徵印記在身體裡的靈魂智慧之許多面向。

Represents the many aspects of the Soul wisdom imprinted in the body.

佛陀
Buddha

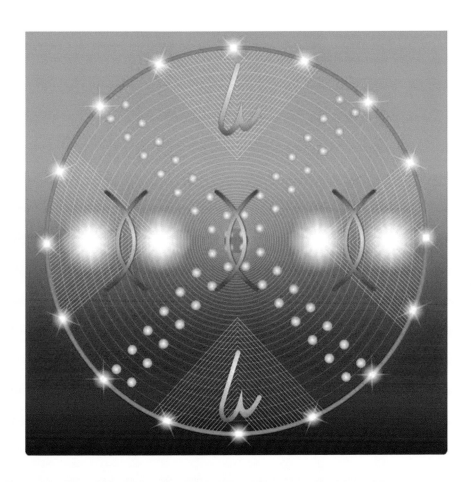

象徵二元化的兩個面向，並且走在中道上。

Represents the two duality aspects and walking in the middle path.

與神交融
Communion with God

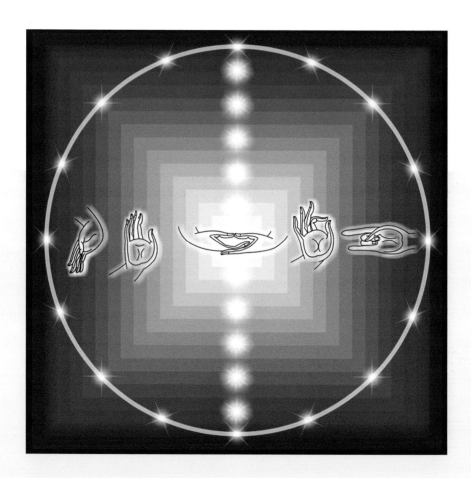

象徵我們對合一的意識與內在的覺知。

Representing our awareness and inner knowing of ONENESS.

與揚昇大師連結
Connect with Ascended Masters

大師們指引我們進行靈性的演化，這也是揚昇所必須的。

Masters who are guiding us on our spiritual evolution and again a must for Ascension.

與我們的靈魂連結
Connect with One's Soul

靈魂整合的三個層面——靈魂，單子[1]與我是臨在。

The three levels of Soul Integration – With the Soul, Monad and I AM Presence.

生命的宇宙之海
Cosmic Ocean of Life

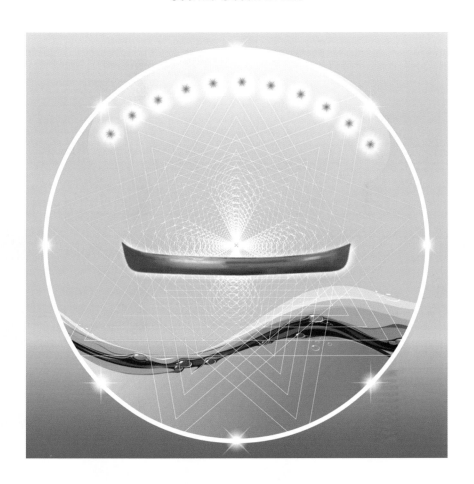

我們總是得到造物主的保護與支持之體認與信念。

Realization and faith that we are always protected and supported by the Creator.

創造
Creation

「創造」是如何與所有一切連結。當造物主的意圖、造物主的能量、以羅欣的能量、元素與蓋亞的能量等——所有能量都結合在一起時，「創造」就會同時在多次元維度裡發生。

How the Creation is linked to all. Creation happens multi-dimensionally when all the energies are combined together – Intent of the Creator, Energy of the Creator, Elohim Energy, Elemental and Gaia energy etc.

譯註 1：我們總共有 144 個靈魂群體能量，當我們覺醒時，我們的靈魂會完全地與靈魂群
　　　　體能量融合，融合之後就稱之為「單子」；而當我們再進一步覺醒，我們的單子
　　　　則會與「我是臨在」融合為一。

慈悲心
Compassion

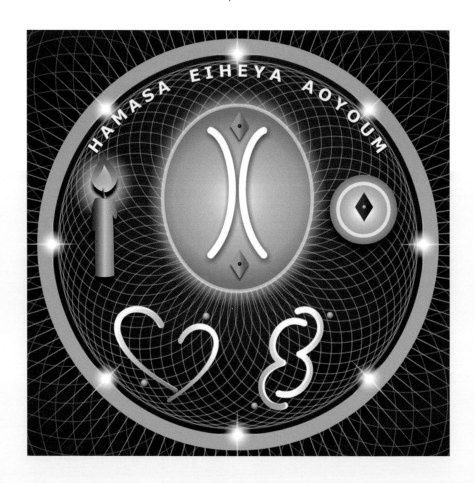

去培養對揚昇而言不可或缺的慈悲心。對萬物慈悲——
所有創造的一切。

To develop compassion which is a must for Ascension. Compassion to all
– all of creation.

造物主
Creator

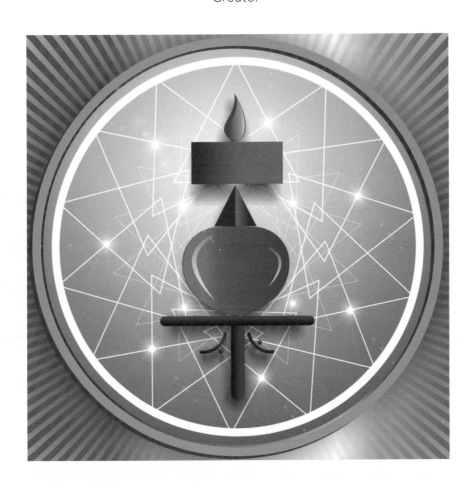

所有創造的最初始源頭——創造一切的無限智慧。

The First Source of All Creation – The Infinite Intelligence
which created all.

神聖的啟發
Divine Inspiration

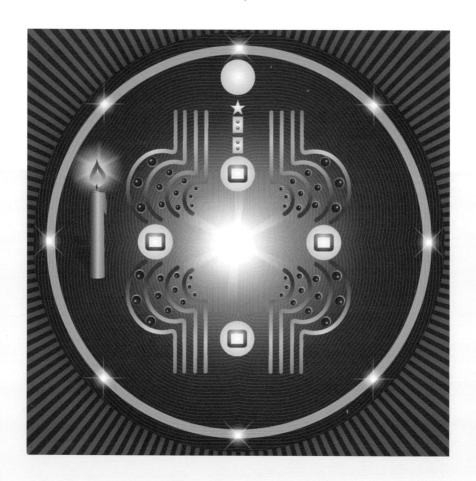

喚醒我們靈魂的智慧，然後將它 / 內在的指引付諸行動。

To awaken the wisdom of our Soul and then acting upon it/Inner Guidance.

DNA 啓動
DNA Activation

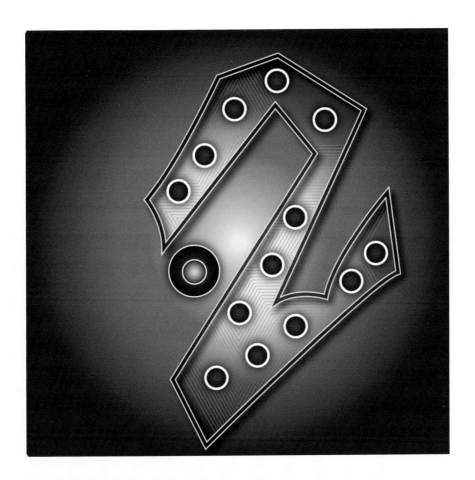

唤醒 DNA 僅僅意味著唤醒我們真實的自己——有人類形體
的男神／女神。

To awaken the DNA simply means to awaken to ourselves of who we
truly are – God/Goddess in human form.

顯現
Emergence

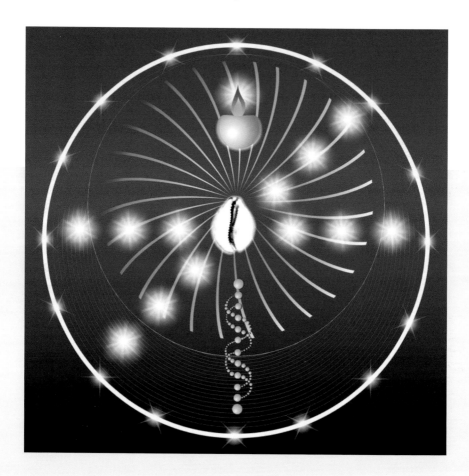

從舊的實相轉變成靈魂被啟發的新實相。

Transformation from an old reality into a Soul Inspired New Reality.

療癒過去的時間線
Healing the Past Time Lines

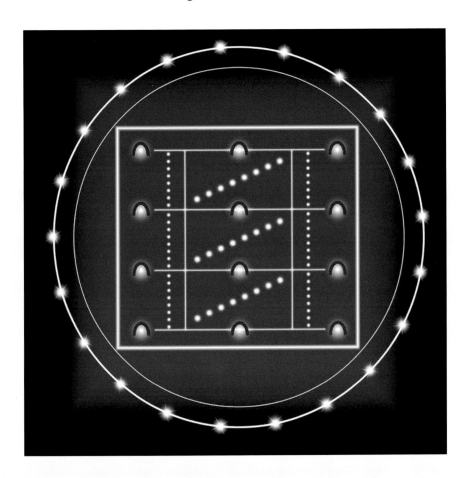

過去的信念體系影響著我們現世生命中的各個面向，而療
癒是揚昇的另一個先決條件。

Past belief systems affect us in our present life in all areas and
healing is another pre-requisite for Ascension.

幻象
Illusion

有助於理解身體、心智與靈魂各個面向的幻象。

Helps in understanding the illusions of the body, mind and the soul in its
various aspects.

更高的角度
Higher Perspective

開啟宇宙更廣大的真實，並理解一切都是能量以不同頻率
振動並且在許多實相中顯化出來。

Opening to the larger truth of the Universe and understanding that
everything is energy vibrating at different levels of frequency and
manifesting itself in many realities.

於心同在
Staying in the Heart

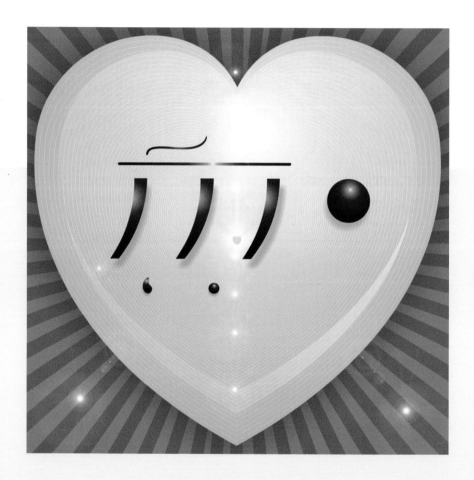

有助於與我們最初始的源頭保持連結，那源頭也就是愛，
而宇宙是由愛的頻率所構成。

Helps one to stay connected to one's very source which is Love and the
Universe is made up of Love Frequencies.

潛意識
Subconscious

療癒潛意識是必要的，因我們生命的絕大部分都由潛意識主宰，而潛意識裡充滿著過去的編程以及與過去事件連結的能量。如果不療癒我們的潛意識，就無法完全活在當下而會不斷尋求重複的體驗。此外，潛意識無法區分正面與負面的能量，它只能夠根據它所收到的內容給予關注。

Healing the subconscious is necessary as a large part of our life is run by our subconscious mind which is filled with past programming and energies connected to the past events. If we do not heal our subconscious, then we are unable to fully live in the present moment and we seek repetitive experiences. Also subconscious mind does not differentiate between positive and negative energies, it just brings forth what is put into it and given attention to it.

轉化
Transition

有助於在轉變期間創造和諧。

Helps in creating harmony during times of change.

心中的三聖火焰
Three-fold Flame of the Heart

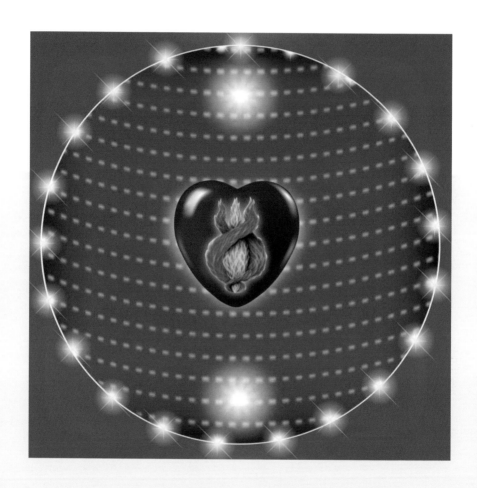

這把火焰存在每個人的心裡，如果想要達到揚昇的狀態，
就必須完全喚醒這把火焰。三聖火焰象徵靈魂/造物主的
意志（粉紅色火焰），靈魂的愛與智慧（藍色火焰），以
及將靈魂的意志整合與顯化在我們的物質實相
（黃色火焰）之力量。

This flame exists in each and every heart and this must be fully awakened if one were to move to Ascension status. The flames represent the Will of the Soul/ Creator (Pink flame), the Love and Wisdom of the Soul (Blue flame) and the power to integrate and manifest the Will of the Soul in our physical reality (Yellow Flame).

環形圓
Torus

人體能量場的形狀在完全打開的時候，像一個環形圓。

Human Energy field when fully opened is shaped like a Torus.

宇宙之聲
Universal Sound

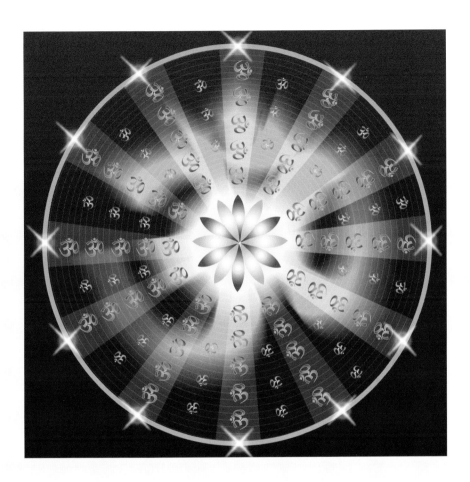

　　宇宙是用聲音頻率創造的，而我們也是用聲音創造出來
的，理解聲音可以協助我們輕易地超越生命的幻象，因為
聲音能夠直接到達我們內在的源頭能量，繞過我們心智的
許多層面。

Universe is created using sound frequencies and we are created using sound and understanding sound can help one move past the Ilusions of Life much easily, for sound goes directly to the Source energy within us, bypassing the many layers of our mind.

擺脫束縛
Unthreading

　　擺脫束縛指的就是，單純地剪斷我們透過言語、行動與我
們創造的經驗所吸引來的、以及積累的不和諧能量，而這
些能量可能來自於家庭、國家、矩陣能量以及前世。

Unthreading simply means disconnecting from the discord energy we attract and accumulate through our words, actions, experiences that we create and also picked up from the family, country, matrix energy and also from past lives.

智慧 I
Wisdom I

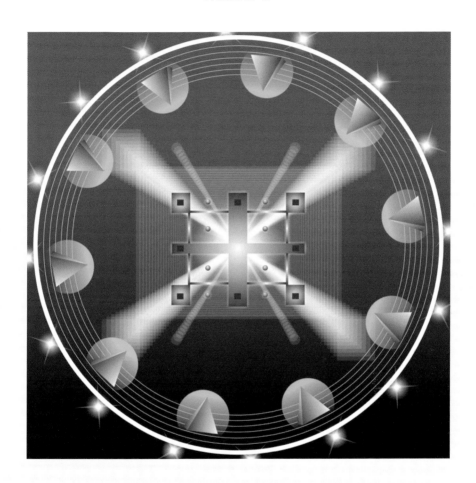

喚醒靈魂智慧，在我們的生命中創造正面的改變，並且讓
各行各業保持和諧。當智慧完全被喚醒時，它也能夠抹去
我們內在的業力。

To awaken the Soul wisdom to create positive changes in our lives and to
be harmonious in all walks of life. When wisdom is fully awakened, it also
erases Karmic energy within us.

智慧 Ⅱ
Wisdom Ⅱ

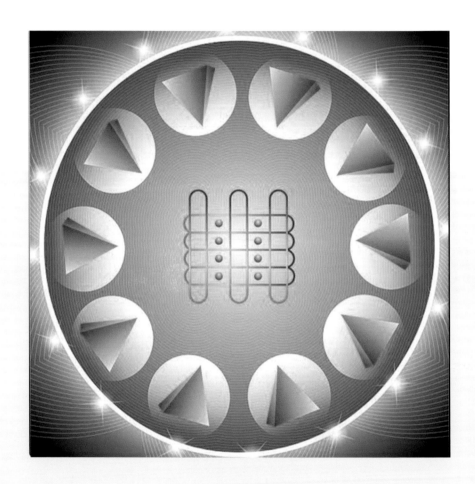

打開環形智慧，而不僅僅是直線形智慧／能夠看到所有存
在的多種可能性的能力。

To open the Circular wisdom and not just the linear wisdom/ability to see
the many possibilities in all existence.

合而為一
We are all One

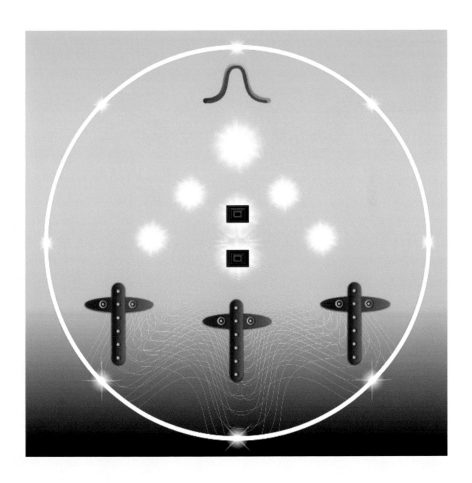

象徵我們內在永恆真理的覺醒——我們都是合一的。

Represents the awakening of the eternal truth within ourselves – We are all ONE.

SERIES 3-1

跨次元維度之龍符號

Interdimensional Dragon Symbol Category

如何使用本符號

跨次元維度之龍存在於其他實相偉大之光的存有中，祂們支持地球完全進入水晶意識，也與太陽及月亮的能量一起運作，而太陽和月亮以我們無法察覺到的深遠方式影響著我們的生活。

➤ 符號屬性：

這些跨次元維度之龍支持所有協助人類生命的一切，例如樹木、岩石、湖泊與水路、山脈、雨以及彩虹等。這些龍協助我們保持自己身體與地球的能量中心校準，同時也平衡及療癒那些因為錯誤的想法與信念所造成的不平衡。

➤ 使用時機：

我們的身體代表地球，亦即我們身上擁有地球上所有的經脈。許多山脈與水路存在於我們的內在，而我們的身體會因為這些水路與山脈被污染發生變化而受到影響。舉一個例子，聖母峰是與我們大腦系統中的電路校準的，所以當這座山受到污染時，它就無法執行它原本意圖完成的任務，這使得人類無法以冷靜與理性的方式思考，因此，人們會以暴力的方式來反應與行動，而且情緒變得不平衡。本符號可以支持這些情況轉變得更和諧。

➤ 使用方法：

在冥想中召喚這些龍符號，將支持我們的內在，讓我們與這個世界保持和諧。

濕婆龍
Shiva Dragon

有助於我們理解事物的無常或者我們對生命中
改變的理解。

Helping us to understand the impermanence of things or about the
understanding of Change in our lives.

毗濕奴龍
Vishnu Dragon

有助於我們共創以及協助我們釋放，然後再度共創，因為
這是生命本身的過程。

Helping us to Co-create and then helping us to release and then again
Co-create for this is the process of Life itself.

區域之龍符號

Local Dragon Symbol Category

如何使用本符號

～ 符號屬性：

　　區域之龍具有特定指派的任務，這些龍幫助我們記起過去，以及提供新點子讓我們發明新的工具來改善自己的生活。

～ 使用時機：

　　希望自己在逆境與痛苦時獲得勇氣與力量，希望更了解宇宙奧秘，希望學習平衡地球的地球儀式，希望找到埋藏很久的失落智慧、文明與文化。

～ 使用方法：

　　在冥想中召喚這些龍符號，逐漸實踐這些埋藏在地球深處的慈愛智慧，將有助於我們與恆星系統連結，讓我們越來越了解自己。

非洲之龍—誰內
African Dragon - Saenea

擁有星際連接與星際傳承的能量。

Holds the energies of our Star Connection and our Star Heritage.

中國之龍—萊洛撒
China Dragon - Railosa

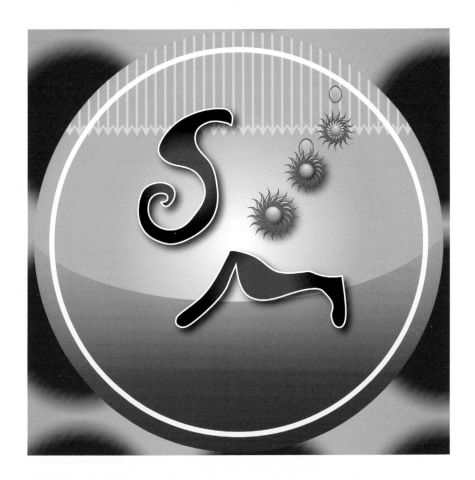

它讓人類接地氣，並且有助於記起我們的藍圖與
人生目的。

It tethers human to the ground and helps us remember our blue print and
our purpose of life.

喜馬拉雅之龍—阿哈薩瓦
Himalaya Dragon – Arhasava

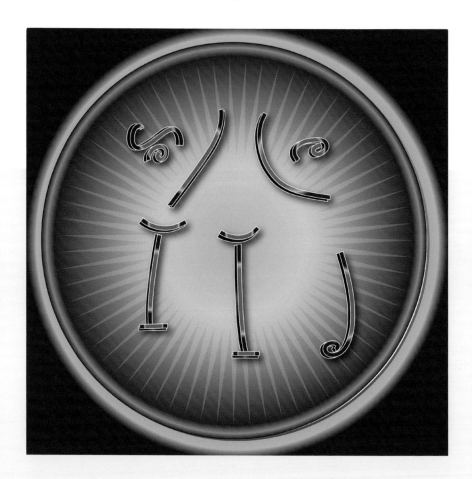

與喜馬拉雅區域連結並且有助於我們內在的電能，以和諧
的方式調整我們身體所有部位的協調。

Connected to the Himalaya region and helps us in the electrical energy
within us, regulating our co-ordination with all the body parts in a
harmonious way.

印度尼西亞之龍—塔莉
Indonesian Dragon—Tareeii

為地球母親保有地球能量並擁有專門針對天氣模式的
地球密碼。

Holding the Earth Energies for Mother Earth and Holds Earth Codes
specifically regarding weather patterns.

愛爾蘭／蘇格蘭之龍—諾伊姆特
Ireland/Scotland Dragon – Noimoot

持有地球能量線（龍脈）的能量，同時也支持歐洲與其他
地區的天氣模式。

Holds the energy of the ley lines of the earth and also supports the
weather patterns of Europe and other areas.

日本之龍—闊利亞
Japanese Dragon – Koliya

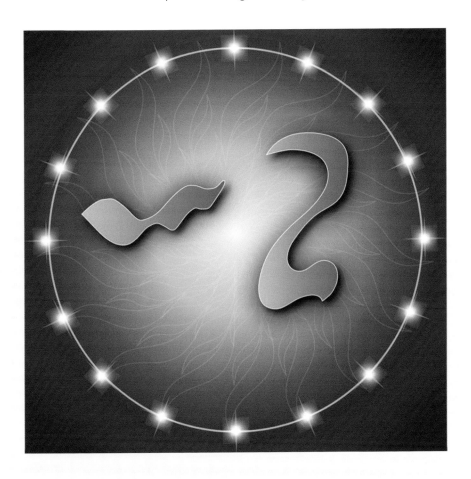

擁有支持與幸福的能量，特別是容忍與永不放棄。

Holds the energies of support and wellbeing and especially Forbearance
and Never giving up.

雪士達山之龍—阿德洛
Mount Shasta Dragon – Adeolo

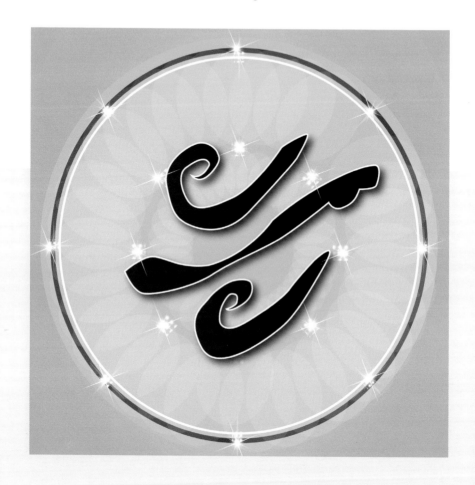

擁有地球的智慧／解決地球挑戰的實用智慧。

Holds Earth Wisdom/Practical wisdom to resolve earth challenges.

紐西蘭之龍—阿依乃
New Zealand Dragon – Ainaiii

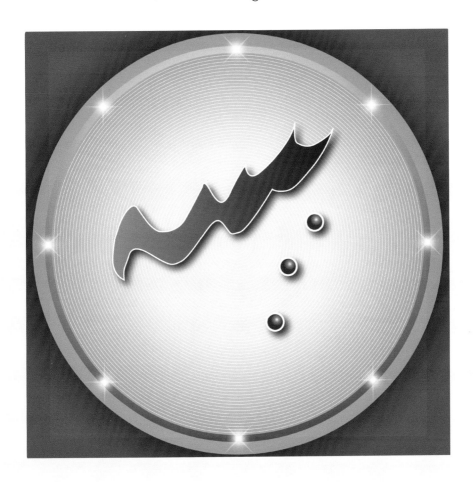

協助我們喚醒求知的慾望，帶來知識與意識以及創造或發現更多之能力，讓我們的生活變得舒適及更美好。

Helps one to awaken to the desire to know more and bring knowledge and consciousness and the ability to invent or discover more so that our life can become easy and better.

81

香港之龍—泉沙
Hong Kong Dragon – Chamsha

擁有東南亞國家內在的平衡能量，而此能量能夠讓這些
國家和諧共存。

Hong Kong - Chamsha - Holds the balance energy within the South East
Asian countries to exist in harmony.

南美洲之龍—利歐奴伊
South American Dragon – Rieonuee

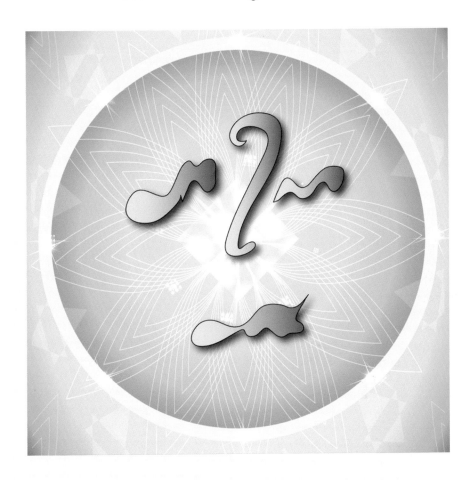

具有地獄與薩滿智慧的能量。

Holds the energy of the Underworld and Shamanic Wisdom.

SERIES 3-3
原型之龍符號
Main Dragon Symbol Category

如何使用本符號

符號屬性：

　　這些符號代表的龍，是第一批來到地球上的光的存有們，祂們將意識播種到新形成的地球上，並且將這些能量放置在世界的許多角落，當這些工作完成時祂們就離開了。他們所定錨的主要能量之一就是在馬來西亞的黑風洞，對於許多生活在這地區的人們而言，這裡是最神聖的地方之一。

使用時機：

　　想自我覺醒的人，可運用這個符號。

　　這些符號代表的龍奠定了 DNA 的基礎能量，以及人類啟動這些 DNA 來記起更多並且更加成為自己的能量。祂們還奠定了四個元素的基礎能量。他們也奠定了創造與顯化的能量，花與礦物王國的能量，以及鳥與哺乳動物王國的能量。這些能量現在是完全活躍的，這也是為什麼許多人於此時在世界各地覺醒的主要原因之一。這些存有們受到眾生之源頭／造物主的邀請來到全新創造的地球，並運用自己的自由意志奠定自我覺醒的基礎能量。

使用方法：

　　以此符號進行冥想來與祂們連結，你將看到你生命中的奇蹟與魔法被喚醒！

阿格尼拉坦龍
Dragon Agniratham

象徵身體裡的火元素，承載著我們內在的生命力，並與我
們內在的第三脈輪相連接。

Representing the Fire element in the body and carries the life force within
us and connected to the 3rd Chakra within us.

阿然達塔龍
Dragon Arandataar

有助於我們去除深植於太陽神經叢內的恐懼，特別是
對神的恐懼。

Helps one to remove fear embedded in one's solar plexus and especially
the Fear of God.

阿騷拉亞龍
Dragon Asauraya

持有在地球上的花卉與植物王國的能量，協助我們打開心
靈的充實與天真無邪。

Holding the energy of the Flower and Plant Kingdom on Earth and helps
one to open one's heart and to its fullness and innocence.

基歐索龍
Dragon Kieosombh

擁有我們與地球靈魂以及元素連結的記憶。

Holding the memory of one's connection to Earth Spirit and the Elementals.

奇優龍
Dragon Kiyoo

持有對松果體、腦下垂體與揚昇的理解之能量。

Holding the energy of the understanding of Pineal and Pituitary Glands and Ascension.

莫雷瑪亞龍
Dragon Molemaeeya

持有生命課題的能量，並擁有解答與克服我們日常生活挑
戰的解決方案，也有助於我們回歸自我，在心裡找到
慰藉與安慰。

Holding the energy of life lessons, and the solutions to solve and
overcome our everyday life challenges and also helps us to come back
to ourselves to find solace and comfort in our heart.

西西里恩龍
Dragon Seacleyn

擁有我們與內在的水與水元素的連結的認知，並理解我們
內在這種連結的重要性。

Holding the understanding of our connection with Water and the Water
element within us and its importance of understanding this connection
within us.

夏思特拉龍
Dragon Shastrai

擁有將所有能量融合在一起的願景，創造出更大的能量，
並開創出更高及更好的實相。

Holding the vision to bring all energies together to create a larger energy
so that a higher and better reality can be created.

瓦龍
Dragon Vaa

持有我們的銀河系，我們的來處以及列姆尼亞人給予我們
的原始 DNA 的能量。

Holding the energy of our milky way and where we came from and our
original DNA given to us by the Lemurians.

瓦里夏克緹龍
Dragon Vallishakthi

有助於我們打開更高感知的門戶，讓我們能夠看到自己更
廣大的真實。

Helps us to open the Gates of Higher Perception so that we can see the
larger truth of ourselves.

梵尼龍
Dragon Vanni

持有礦物與水晶王國的能量，並且協助我們理解這些幫助
我們記得更多的元素。

Holds the energy of Minerals and Crystal kingdoms and helps us in
understanding these elements which will help us remember more.

瓦優龍
Dragon Vyaoo

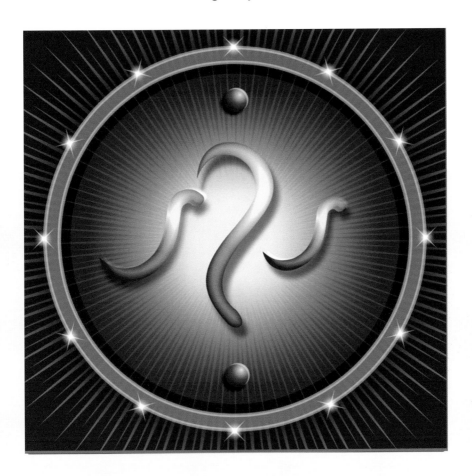

持有空氣與我們呼吸的能量。我們呼吸的空氣裡蘊含所有
元素以及造物主的意識。

Holding the energy of Air and our breathing. Air we breathe contains all
the elements as well as the consciousness of the Creator.

主瓦拉
Lord Vallar

持有理解我們內在的昆達里尼力量的能量。

Holding the energy of understanding the Kundalini Power within us.

SERIES 4-1

埃及神廟符號

Egyptian Temple Symbol Category

如何使用本符號

⟶ 符號屬性：

在 2012 年 12 月 12 日—地球歷史上重要的轉折點，從圖特大師傳訊得來的。每個符號代表著覺醒的過程中我們自身的某個面向，並且有助於移除每天對我們影響很大的「罩紗」（阻礙我們看到真實的面紗）。

⟶ 使用時機：

這些符號是為了讓我們前往埃及神廟時，透過冥想來連結更強大的能量而作準備。每個符號都蘊含有以下神廟現存的能量。為了作好準備探訪這些神廟，每天與一個或數個符號作五到十分鐘的連結將很有助益。

⟶ 使用方法：

（來自圖特大師透過符號冥想的訊息）

當你作連結，看著金字塔或神廟符號時，觀想並深深地把金字塔或神廟的能量吸入心裡。閉上眼睛，然後吐氣。重複這個過程五到六次。然後把這個畫面帶到你的第三眼，並且像之前一樣呼吸，不過現在要吸入你的第三眼而不是吸入你的心裡，但是眼睛不需要打開。正如之前所說的，每一個符號作五或十分鐘，你可以重複同樣的過程數次。

每座神廟的能量與強度各不相同。這些符號也是如此，由於其所顯現的顏色不同，你也會接收到不同的波長頻率。密碼存在於這些符號與顏色裡，所以如果你持續運用它們，將會開始感受到整體的效果，並且稍後你在埃及冥想時它們將會為你

打開所有的可能性。

　　每座神廟或金字塔或獅身人面像都有其特定的能量，它們的能量將能夠以這種方式透過符號來增強。同時，在你到達埃及前的這段時間裡，你與你正在連結的或正在觀想的特定符號之間的光之彩虹橋，將會有更強的連結。

　　同時，在建構這座光之彩虹橋的過程中，那些與早期的光之神廟校準的人將會得到特定祭司與女祭司的陪伴，因為那些光之神廟確實是受到保護的，並且蘊含有為那些已經準備好的人們提供來自於偉大的光的奧秘之點化。透過召喚這些能量以及現在開始作準備，每個人都將能夠在神廟中獲得更多的收穫，而那些所謂的光之守護者將協助每一個人的在那裡能夠進行或將要著手進行的一切以及修鍊。

　　每個聖地之旅的參與者到神廟時，在身上都帶著相應的符號，或者在冥想與接收特定能量時，把相應的符號放在冥想空間的中央。這些符號能量很強大。別低估它們的效力或透過符號而設定之能量網格的效果。

1.阿布辛貝神廟

　　當我們準備好要前進時，我們能夠在這座神廟裡將業力的平衡帶到光裡，以便了解我們已經完成什麼，以及還有什麼正待我們去完成。這是對進行下一步點化的準備就緒狀態的領會，因為當這個階段完成時，我們就可以開始下一個階段。然而，在完成這裡的不平衡之前，修行者希望接受進一步訓練的請求將會被拒絕。這是為了喚醒更高層次的安排以及我們對於尚未完成工作的或者我們終於完成的一切。

2.阿比多斯神廟

　　在這座神廟內蘊含有通往其他領域的通道儀式。在這裡所

進行的點化裡，人類已經超越了時間與空間的限制。　這是一個儀式的神廟，有關這個面向的一切，當時間適當時它將會為你開啟。阿比多斯有偉大的歷史並且曾經是所有神廟中較為開闊的，個人能夠在此讓靈魂找到再次重生的決心。這裡的守護者，或守衛這些較高門戶的守護者，對這座神廟內現存的一切的守護甚嚴。你必須準備好，否則他們會關閉這些門戶，直到你完成前往揚昇的更高階段為止。

3. 大金字塔

如是其上，如在其下。所有萬物都蘊含在金字塔裡—所有對生命的解釋—宇宙之內—天地，陰／陽，黑暗／光明，與揚昇的潛能。金字塔是一個揚昇密室，它具有現存更高層次的實相以及完成克服恐懼就能夠成為大師的偉大考驗。亦即合一法則的實現。

4. 哈索爾神廟　（丹達拉神廟群）

這座神廟不僅讓我們有機會與星星（11:11）校準，同時也可以與我們在地球上靈魂的完整臨在校準。它蘊含個人所有的光，不僅在光的各種表達與不同組合，同時還包含與雙生火焰或雙生靈魂組合的校準。哈索斯在這裡守護著神聖的陰性能量，並且為我們傳遞著療癒身體、心智與靈性各個面向的意識與知識。

5. 荷魯斯神廟

荷魯斯協助修行者喚醒其內在的力量。這座強大神廟的配置方式讓神廟內部所根植的能量能夠被喚醒，以便賦予我們能力並且擁有正確的使用說明。它不保證這種情況一定會發生，但古老的教導僅僅是交代了力量的使用與分配。喚起荷魯斯意

味著你已經準備好看到你的神聖存有以智慧及力量起飛，並善用這份強大的生命力。

6.愛希斯神廟—菲萊神殿

這裡供奉的是以愛希斯為代表的神聖女神。在這些石牆內充滿了能夠喚醒與重新平衡世界能量的女神能量之密碼。愛希斯女神恆久以來一直致力於重新調整神聖陽性能量與陰性能量之間的不平衡。在這個肥沃的網格裡具有賦予地球生命的孕育滋養，它一次又一次地孕育滋養地球的生命，就像它過去曾經進行的，它將再次不斷地孕育滋養地球上的生命。

7.卡納克神廟

長生不老的靈丹妙藥傾注於那些追求擁抱更高生命的人們手中。所有來到這裡學習的人，在到達一定程度的意識之後都會獲得此長生不老的靈丹妙藥。這座神廟賦予我們偉大的禮物，請關注它為修行者向外伸展出來的雙手所提供的光之顏色與可能的提昇。當你坐在這座神廟裡，將會注意到滿足你內心深處渴望的時刻已經到來。你的揚昇之日將會在這裡。聖杯正為你提供長生不老的靈丹妙藥。

8.柯蒙波神廟

這裡廣闊的規模能夠喚起我們內在的奧秘，而在這個空間中待一段時間後，個人的奧秘便會開始被喚醒。符號有助於啓動這個過程。深層的內在世界在這裡再度充滿活力。 這裏就像是一個寬廣的綠洲，為了自己存有內在的改變與決心以及準備迎接未來而存在。

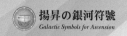

9.路克索神廟

這座神廟能夠大幅度地提升你的意識層面，因此它會為你開啟更高層次的實相。這座神廟的許多面向能夠透過個人內在所蘊含的光之擴展，提昇個人存有內在和諧與滿足。這是奉獻給個人內在所承載的較高階密碼之神廟，透過與神廟外圍與密室的柱子校準的振動，就能夠開啟這些密碼。

透過適當的沈靜它們能夠在這裡開始啟動，而且特定的聲音可以促成此突破。這裡的顏色能夠延長系統以便擁抱社群內在的人們。對於某些人而言，透過冥想與清晰度，這裡就成為他們的揚昇密室。

10.尼羅河

為所有一切提供養份之摯愛的尼羅河，她為所有的生命創造流動與設計，也讓磁能穿越幾乎沒有任何生物存在的平面。她，尼羅河，旨在於讓地球的所有地區回復平衡，她對大地付出的偉大之愛，為所有溫柔的心與反思提供了生命，所有一切的可能性在她的架構與路線內得以實現。

尼羅河從南向北流動，在可能時進行擴張延伸，為古埃及陸地提供最大的支持。她對人類與所有生命的愛，存在於她所有流經之處。透過尼羅河的符號我們能夠與尼羅河連結，以便於了解於我們內在流動的靈魂之力量—此靈魂賦予生命—連接所有萬物與滿足我們的渴望。這是地球母親的能量與靈魂融合為一，於自我內在完成各個面向，朝著完整的存在前進。從現在開始，請求她於你的內在出現，並且請求讓你的自我存在於各個面向回復平衡。

11.獅身人面像

此壯麗雄偉的臨在可以於個人的內在被喚起而作為光的臨

在，並且於內在獲得長久以來所追求的知識。在你的冥想中，透過這個符號，你除了能夠召喚出此靈魂的雄偉，同時也能喚起你內在已經準備好要開啟的時間通道。心與心的連結在這裡最是清晰可見。在這裡你也可以與你內在反映出來的自我輝煌校準。獅身人面像象徵與星星和內在所有一切的合一校準。對於某些人來說，這種能量是超然的，輕而易舉地就可以讓個人移動到遠遠超越地球以外的空間，而進入另一個次元維度的實相裡。

正如你所注意到的，也許在冥想中，顏色會反映出對你有幫助的特殊能量。 每座神廟都有陽性或陰性的面向，你也將會在冥想時注意到它們。某些神廟會彼此平衡，例如愛希斯神廟與荷魯斯神廟互相平衡。唯一的例外是丹達拉神廟群，它蘊含有神聖的陰性與神聖的陽性，已經於內在達到平衡合一。

每座神廟都具有不同的能量與力量，而這最終都會展現出來，當我們通過它們就能得到許多的教導，也會有機會完全融入「合一法則」。

阿布辛貝神廟
Abu Simbel

平衡業力與準備就緒，接受進一步的揚昇點化。

Balances Karmic Energy and readiness for further initiations for Ascension.

阿比多斯神廟
Abydos

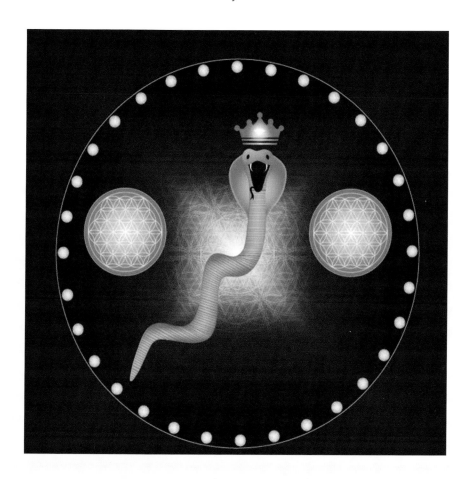

蘊含有前往其他領域的通道權，同時也蘊含有復活及
回春密碼。

Contains the Rights of Passage to other realms and also contains the
Resurrection Codes and Rejuvenation Codes.

大金字塔
Great Pyramid

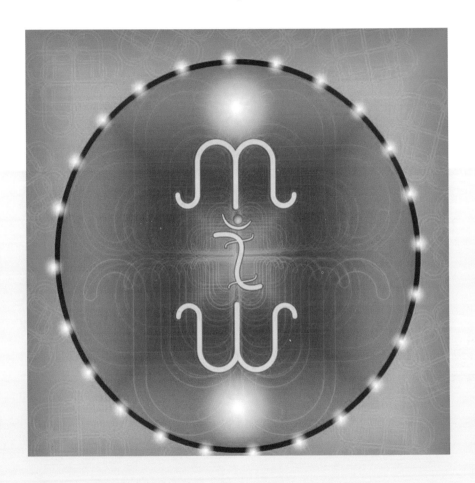

如是其上，如在其下——蘊含生命的所有奧秘。

As above so below – Contains all the mysteries of life.

哈索爾神廟
Hathor Temple

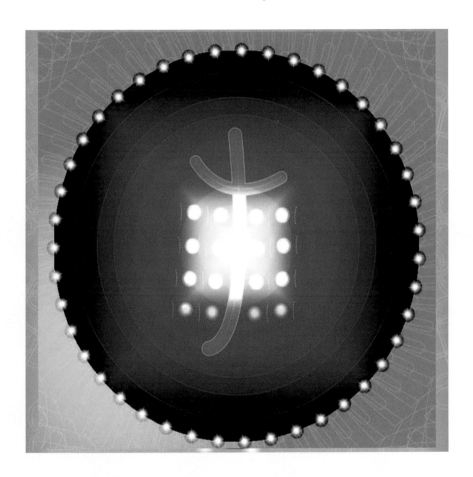

有助於我們向星星以及在地球上的靈魂臨在做校準，並且
有助於啟動內在的星際密碼。

Helps one to align with the stars and our soul presence on earth and
helps to activate the Star Codes within us.

荷魯斯神廟
Horus Temple

有助於我們喚醒內在的力量以及平衡心與心智。

Helps one to awaken the Power within and to balance the Heart with the Mind.

愛希斯神廟
Isis Temple

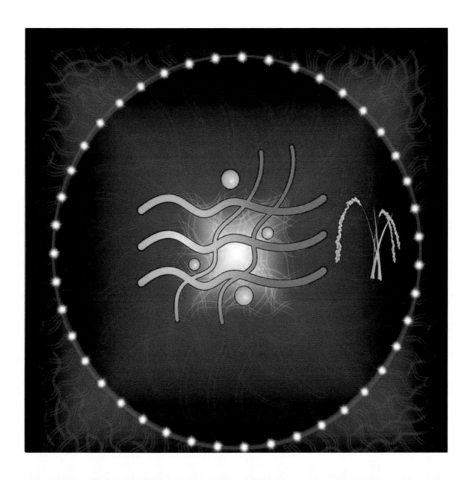

神聖女神的能量與完全平衡的神聖創造力，蘊含揚昇的
女神密碼。

Divine Feminine Goddess Energy and fully balanced divine creativity and
holds the Goddess Codes for Ascension.

卡納克神廟
Karnak Temple

蘊含有揚昇以及昴宿星七姊妹的光之聖杯的能量，與三星
系統連結──昴宿星，獵戶座與天狼 B 星。

Contains the energy of Ascension and the Holy Grail of Light of the
7 sisters of the Pleiades and is connected to the three-star system –
Pleiades, Orion and Sirius B.

柯蒙波神廟
Kom Ombo Temple

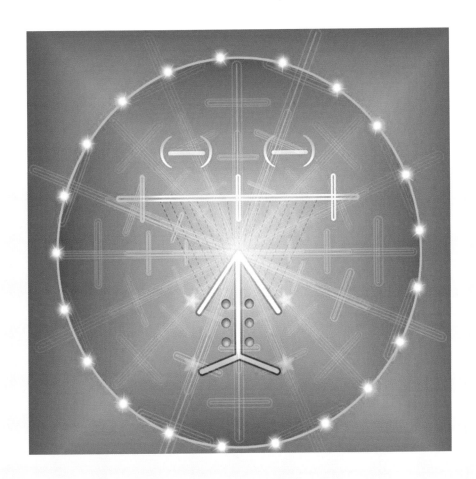

有助於我們呼喚內在的奧秘。

Helps one to invoke the inner mysteries within.

路克索神廟
Luxor Temple

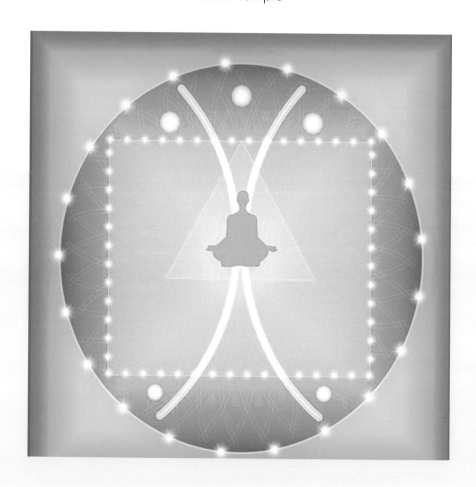

提升意識層面，有助於將我們的存在往更高的實相打開。

Heightens the levels of Consciousness which serve to open one's being
to the higher levels of reality.

尼羅河
Nile River

創造生命的流動與設計，讓我們與所有的創造能夠和諧共
處，並且協助恢復各行各業之間的平衡。

Creates a Flow and Designs of Life so that one can be in harmony with
all of Creation and helps restore balance in all walks of life.

獅身人面像
Sphinx

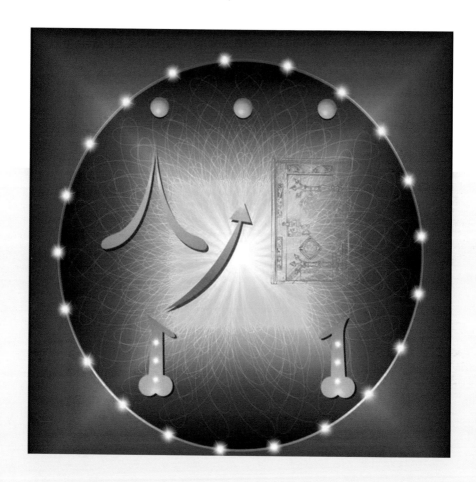

有助於呼喚我們內在的時間通道，並平衡我們內在男性與
女性的能量。

Helps one to evoke within ourselves all passages of time and helps in
balancing the energies of the Male and Female within oneself.

SERIES 4-2

內在次元維度聖殿符號

Inner Dimensional Temple Symbol Category

如何使用本符號

這些聖殿的符號是從庫圖彌大師、聖哲曼大師、艾莫亞大師等揚昇大師那裡傳訊而得。

符號屬性：

我們可以在冥想時拜訪聖殿，與這些聖殿連結能夠有助於淨化我們的想法、能量與情緒。大多數的聖殿能淨化並協助人類釋放束縛我們的小我與幻象。透過運用這些聖殿的能量，我們就能夠實現心中的自由以及理解自己真正樣貌的實相。

使用時機：

可以校準我們與自己的三個部分—靈魂、單子與我是臨在。聖殿能量能夠協助我們透過淨化，來整合我們較高脈輪的較高頻率以及宇宙與多重宇宙的意識。相應的，這也有助於我們更能與支持我們進化到第五次元維度及以上的更高的大師、天使以及大天使做連結。

使用方法：

冥想時拜訪這些聖殿。只要在就寢之前，請求指導靈帶你到這些聖殿去接受療癒、整合靈魂碎片，以及加入更高的光體，與我們同時存在的所有時間線結合，讓我們能夠顯化與創造。

接受的聖殿
Temple of Acceptance

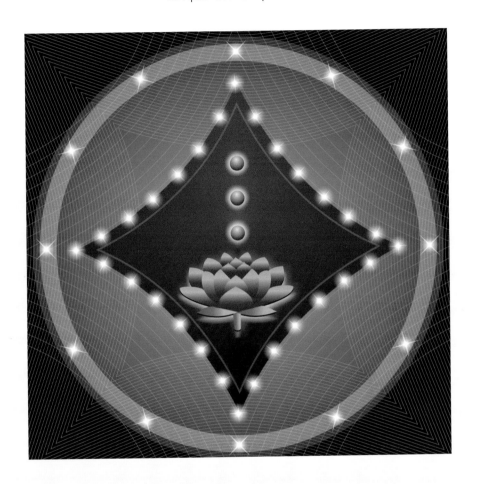

協助我們接受當下自己原來的面貌——全然接受。

Assists one to accept ourselves as we are at the present moment—Total acceptance.

美麗的聖殿
Temple of Beauty

協助我們喚醒自己的內在美。

Helps one to awaken to one's own Inner Beauty.

慈悲的聖殿
Temple of Compassion

培養慈悲與慷慨的特質，而該特質是揚昇的先決條件。

To develop the qualities of Compassion and Generosity which are pre-requisite for Ascension.

寬恕的聖殿
Temple of Forgiveness

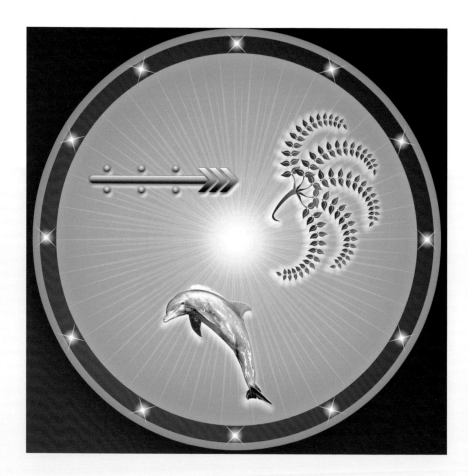

協助我們放下因錯誤的想法所造成的痛苦或悲傷，並且培
養寬恕的意識。

Helps one let go of our hurts or sorrows caused by erroneous thinking and to
develop forgiveness consciousness.

療癒的聖殿
Temple of Healing

辨識出我們所背負的錯誤信念系統，以及如何透過喚醒靈
魂的智慧而得到療癒。

To recognize the false belief systems we carry and how to heal through
awakening the Soul's wisdom with in us.

整合的聖殿
Temple of Integrating

整合我們在靈性世界與物質世界中覺醒的面向。同時掌握
這兩個世界以便讓我們能夠走在中道上。

To merge the awakening aspects of us both in the spiritual and material
world. To Master both the worlds so that we can walk the middle path.

覺知的聖殿
Temple of Knowingness

協助我們記起我們自己並且喚醒我們內在的覺知，透過這
個覺知，我們便知道我們是神的一部分，永遠不會
與神分離。

Helps one to remember ourselves and awaken the inner knowing within
us that we are part of God and there was never a separation.

愛的聖殿
Temple of Love

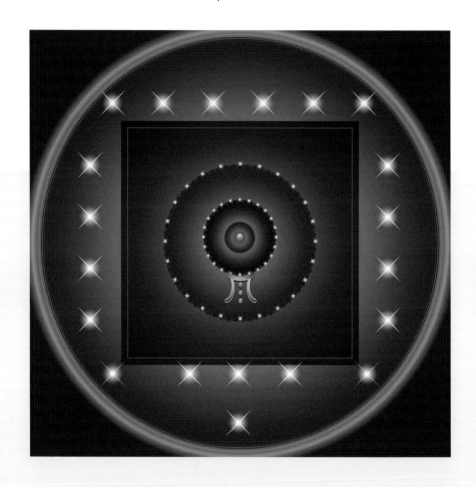

協助我們於內在找到對自己的愛,而不是向外尋找愛
或者認可。

Helps one to discover one's own Self Love within us not looking outside
for love or validation.

融合的聖殿
Temple of Merging

協助我們專精正在修練的特質或本質，例如光的本質或任
何其他神的本質，並且協助修練我們在日常生活中已經專
精的事物之能力。

Helps to Master the qualities or essences which we are working on like
the essences of RAYS or any other God qualities and helps with the
ability to practice what we have mastered in our daily lives.

專精的聖殿
Temple of Mastery

我們可以在這座聖殿裡與來自所有次元維度與時空中屬於
我們的更高面向融合——從銀河系到全宇宙。

Here one can merge with the higher aspect of ourselves from all
dimensions and time and space— from the galactic to the Omni
Universe.

再創造的聖殿
Temple of Recreation

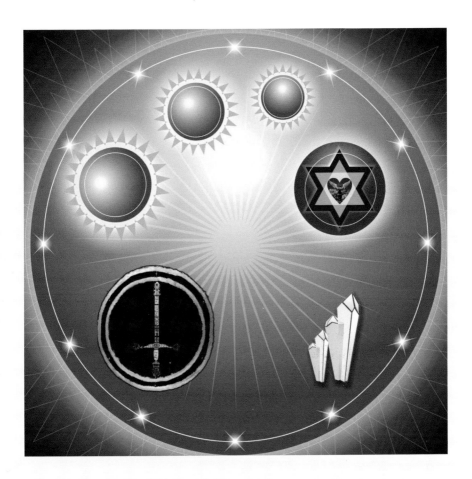

這座聖殿協助我們重新構建或復甦我們自己的任何部份，
無論是健康、關係、豐盛、創造力等。

This temple helps one to re-construct or resurrect any parts of ourselves,
whether it is health, relationship, abundance, creativity etc.

釋放的聖殿
Temple of Release

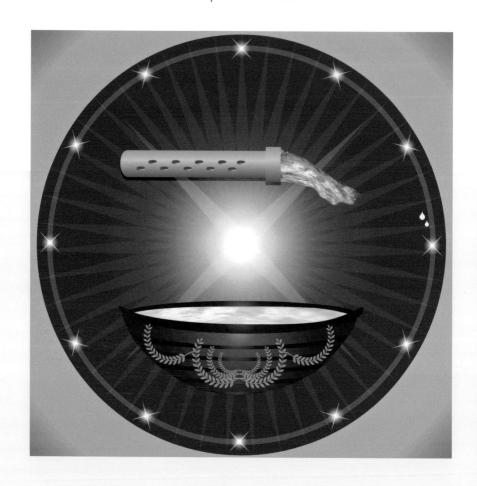

協助我們放下所有對我們已經沒有幫助同時已經過時
的一切。

Helps one let go which does not serve us any more as well as which has
finished its time lines.

記憶的聖殿
Temple of Remembrance

協助我們喚醒真實的本性與我們的源頭，這裡的源頭指的
是我們是神的一部分，而且每個細胞都意識到這一點。

Helps one to awaken to our true nature and our origin that we are part of
God and every cell is aware of it.

聲音的聖殿
Temple of Sound

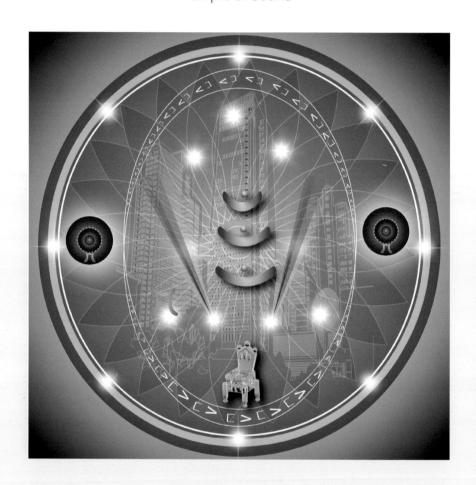

協助放大任何你可能正在練習以便帶來或打開更高意識的
聲音 / 音調或頻率。

Helps one to amplify any sound/tones or frequencies which you may be
working on to bring in or open up to higher consciousness.

智慧的聖殿
Temple of Wisdom

喚醒能夠在此時支持我們地球生活的智慧。

Awakens the wisdom which can support our earth life at the present time.

SERIES 4-3
內在療癒聖殿符號
Inner Healing Temples category

如何使用本符號

我們的細胞裡承載著深刻的創傷以及我們祖先信念系統能量的印記，恐懼神的能量與許多其他能量，這些能量是我們透過思想與體驗創造出來的，也可能是他人在我們能量體中放置的能量。

如果想要完全體驗我們自己內在的光，就必須完全釋放這些能量，並向已經存在於我們內在的更高能量敞開心扉。所以我們的身體同時蘊含有這兩種能量—恐懼的能量與自由解放的能量。

符號屬性：

這些聖殿符號主要用於療癒與釋放。身為人類我們承載著許多能量的思想形式，並將它們烙印在我們的細胞與每個器官裡，而我們身體的某些部分也帶有這些印記，而這些印記會每分每秒影響我們的生活。

使用時機：

恐懼存於我們的內在，它以許多不同的形式存在與顯化，聖殿也透過轉化我們細胞結構中的能量，深深地淨化我們，這些聖殿符號有助於我們釋放恐懼的能量；當淨化完成時，我們的自我將自然顯現，回到我們的自然狀態—合一或與所有創造完全交融。這些聖殿符號能讓你看到宇宙與造物主更高的真理。歡迎來到這些偉大的療癒聖殿。

使用方法：

冥想時帶入符號連結聖殿。

擴張的聖殿
Expansion Temple

有助於擴張我們所持有的任何能量——無論是想法、文字、聲音或者頻率。

Helps to expand any energy we hold - whether it is a thought, a word, a sound or a frequency.

重生的聖殿
Resurrection Temple

協助啟動我們的 DNA 以便完全覺醒。

Helps one to activate one's DNA to awaken fully.

紫色火焰的聖殿
Temple of Violet Flame

這是聖哲曼大師的聖殿，我們可以在這裡轉化能量或轉變
那些不屬於光或愛的能量。

This is the temple of Master St. Germain and one can transmute the
energies or transform the energies which are not of light and love.

翡翠的聖殿
Temple of Jade

支持我們理解自己內在的真實，並協助喚醒我們內在
的勇氣。

Supports one to understand one's own inner truth and also to help
awaken One's own inner courage.

麥可大天使的僻靜處
Archangel Michael Ashram

我們可以到這個僻靜處來獲得更多的能量，以及整合靈
魂、單子與我是臨在。

One can visit this ashram to gain more energy and also for Soul, Monad
and I Am Presence integration.

大角星的聖殿
Temple of Arcturus

支持我們釋放不良習慣、模式與行為，並且去除細胞裡創傷記憶的印記。

Supports release of bad habits, patterns and behaviors and also removal of imprints of trauma memories from the cells.

元素符號

Elemental Symbol Category

如何使用本符號

符號屬性：

　　我們的身體由元素構成，而這些元素來自蓋婭地球的身體。我們的元素蘊含所有礦物王國、水晶王國、花朵王國、自然王國等更多王國的能量。主要的四個要素—地（土），風、水、與火，而我們內在的元素必須均衡，才能夠在我們的生活中體驗平衡。

使用時機：

　　元素會影響我們的脈輪與體內的幾何圖案，當元素不平衡，將影響我們的心智與情緒，我們無法聽到靈魂的溫柔輕聲耳語。使用本符號來與自己的靈魂溝通，可引導我們走向更高的智慧與幸福。

　　如果我們內在有太多的地（土）元素，就很難採取具體的行動，不容易放下，無法迅速做決定，緊緊抓住傷痛與悲傷，報復心等不放手。另一方面，如果我們內在的地（土）元素不足，便很難將我們的想法與現實落實接地，無法完全與我們的人生連結，同時無法輕易地顯化我們的渴望。

　　過多的水元素會導致我們具有成為受害者的意識，情緒的失衡、過度的哭泣，無法為自己的生命承擔責任，因自己的問題而責怪他人等。當自己的水元素不足時，它會抑制我們在生活中順其自然的能力，並削弱我們的創造力等。

　　過多的火元素會使我們變得有侵略性，膨脹我們的小我，讓我們有高過他人的優越感，強迫他人接受我們的意見，通過言行舉止的暴力、情感勒索、過度的批判以及對於批評而無法傾聽他人的意見，並且認為自己知道所有一切的態度。火元素

的不足會抑制我們的效率、憂鬱、對生活缺乏熱情、不擅長任何事情，以及總是試圖停留在人生的舒適區裡。

　　過多的風元素會讓人頭腦發脹，有過度的邏輯思維、好爭論，總是需要得到證明，永遠無法完全達成目標或完成事情等。另一方面，風因素不足會使得我們困在舊的觀念裡，沒有能力改變我們的信念系統，特別是對神的信仰，意識形態變得比事實更重要等。

～ 使用方法：

　　冥想時帶入這些元素符號，支持我們身體內在四個重要元素的平衡。

地元素
Earth Element

象徵我們腳下的地球靈魂為我們所持有的靈魂藍圖。

Representing the blueprint of our Soul held by the Earth Spirit which is underneath our feet.

火元素
Fire Element

象徵身體內在的火元素──在太陽神經叢與髖骨內。

Represents the Fire element within the body – in the Solar Plexus and
the Hip Bone.

水元素
Water Element

象徵我們身體 / 血液與骨髓內的水份含量。

Represents the water content in our body/in the blood stream and the
bone marrows

風元素
Wind Element

象徵在我們身體內的風能量，以及我們在喉嚨部位時時刻
刻吸入的氣息。

Represents the energy of Air in our body and the breath we take in
moment by moment held in our throat area.

SERIES 6

以羅欣符號

Elohim Symbol Category

如何使用本符號

～ 符號屬性：

　　形狀的建設者。以羅欣運用來自造物主的意圖能量，並且把它顯化成為形狀。以羅欣也與我們大腦結構的線路、思想，以及我們大腦中的印記有連結。

～ 使用時機：

　　希望大腦右半部覺醒以及兩邊大腦整合時，可以使用本符號。在我們的身體內有數字頻率與音符的能量，而以羅欣有助於我們平衡與維持體內數字頻率與音符的較高頻率。它同時也支持我們培養較高的創造力，以及讓我們能夠視自己為大宇宙的一部份。

～ 使用方法：

　　運用本符號修鍊，可以改變大腦結構的印記，去除所有不支持的過往能量，有助於我們劃分生活中重要事情的優先順序以達到平衡。召喚此符號，可與自己內心的真諦校準。

阿波羅
Apollo

有助於讓造物主的神聖藍圖在這個世界展現出來。

Helps in bringing forth the Divine blueprint of the Creator in our world.

大角星
Arcturus

協助我們揚昇的最後一部份。

Helps one in the final part of one's ascension.

獨眼巨人
Cyclopia

有助於我們永遠保持純潔與真實。

Helps one to maintain One's Purity and Truth always.

海克力斯
Hercules

有助於我們穩定地保持專注。

Helps one to steadily maintain one's focus.

英雄
Heroes

有助於我們完全整合靈魂的所有三個層面——靈魂，單子
與我是臨在。

Heroes- Helps one to fully integrate all the three levels of our Soul –
Soul, Monad and I Am Presence.

SERIES 7
農耕符號
Farming Symbol Category

如何使用本符號

～ 符號屬性：

這些符號來自於蓋婭女神的傳訊，透過在地上畫出這些符號，人們就可以改變土壤的分子結構以及在該土壤中生長的種子或植物或樹木的分子結構。

～ 使用時機：

在所有創造中都有DNA，包括種在土壤中栽種農作物或水果的種子、土壤以及樹木等。由於在土壤中過度使用化學物質與肥料，已經對蓋婭女神造成很大的傷害，因此我們種植的農作物與水果也受到了影響。人們的意識也會影響種植農作物或水果的土地，種植這些植物的農民，他們的意識影響農作物與水果的方式，比我們所察覺到的更多。

～ 使用方法：

透過冥想帶入這些符號，這些符號將有助於種子記起它的源頭，使其能夠記起並開啟其DNA中的完整本質，這樣種子就可以長到預期的完整成熟度。這些圖像也有助於地球的頂層土壤，協助平衡地球與它自己的元素。

讓種子健康成長
Seeds to grow healthy

給予種子充滿生命力的能量。

Seeds to be energized with the full life force

農田
Agricultural Fields

將這個符號放在田裡或者在田裡畫這個符號，將支持該農田成為神聖的聖地。

Place this symbol or draw this out in the field and this will support the agricultural fields becoming a sacred and holy place.

159

讓此地成爲聖地
To Make The Land A Sacred Place

因此農耕成為一件神聖的工作。

So farming becomes a Holy Work.

種子
Seeds

保留種子的 DNA 與藍圖飽滿的力量。

To retain its full force of its DNA and its blueprint.

保護土地
Protection of the Land

保護土地不受到在田地裡工作的農夫所帶來之不純淨能量
的影響。

To protect from impure energy of the workers who may work in the field.

花園
Flower Garden

讓花朵綻放──在有花園的地上畫出這個符號，花朵將帶
出這個符號的精華，然後花朵便會健康地成長。

To make the flower bloom - Draw it out in the ground where there is a
flower garden and the flowers will draw forth the essence of this symbol
and flowers will grow healthy.

針對頑強的土地
For Stubborn Land

有助於打破那些阻礙作物生長的障礙物。

Helps in breaking the barriers the land holds in having anything grown on that land.

讓種子更健康地成長 I
Seeds to Grow Healthier I

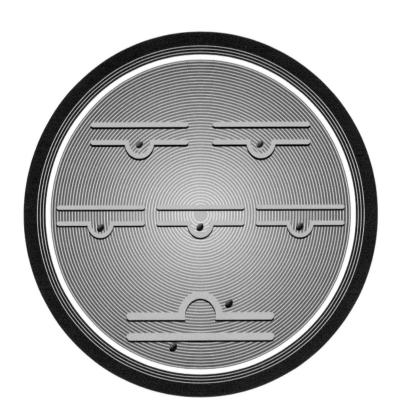

保持種子飽滿的生命力。

To retain its full life force.

讓種子更健康地成長 Ⅱ
Seeds to Grow Healthier Ⅱ

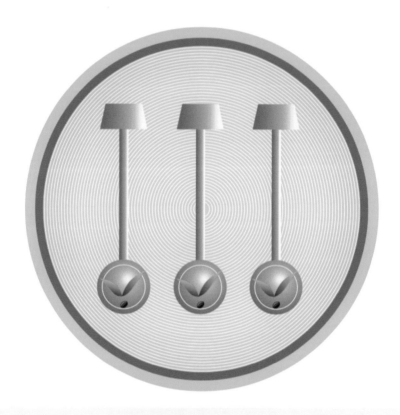

有助於增加播種的種子內容。

Helps in multiplying the seed contents from which it is seeded.

讓農作物更健康地成長
Crops to Grow Healthier

有助於農作物保持完全成熟。

It helps the crops retain their full maturity.

以土地與農民連結
Connect the Farmer with the Land

這樣能夠讓土地與在土地上耕種的農民之間形成和善的合作關係。

So that a benevolent partnership is formed between the land and the farmer who farms on that land.

讓土地變得肥沃
To Make the Land Fertile

有助於保留頂層土壤，從而減少滋養土地所需的化學物。

Helps in retaining the top soil so that less chemicals are needed to nurture the land.

保護農作物免受蟲害的破壞
Protect Crops From Ruining By Bugs

讓蟲子與其他昆蟲遠離農田。

Keeps the bugs and other insects away from the farm land.

讓雜草無法生長
For Weeds Not To Grow

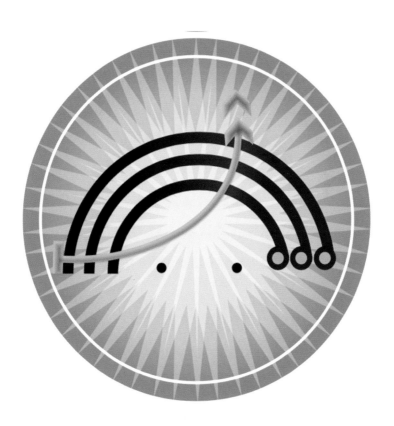

有助於設定土地的健康界限，讓雜草無法接近農地。

Helps in setting healthy boundaries for the weeds not to approach the farmed land.

土壤非常堅硬之處
Where the Soil is Very Hard

有助於分解因濫墾土地而變得不肥沃的頂層土壤。在土地上畫這個符號，待 30 到 45 天之後再開始於土地上耕作。

Helps in breaking down the top soil which has been outdated because of misuse of the land. Draw this symbol on the land for 30 to 45 days and then start farming on that land.

SERIES 8

療癒符號

Healing Symbol Category

如何使用本符號

🌱 符號屬性：

這些符號為我們帶來特定的療癒，無論是在身體上或心智體，都可以透過釋放有毒的信念與思維模式，進行情緒體的療癒。我們必須在各個層面都得到療癒，才能夠在生活中創造平衡。為了使療癒有效，首先必須在身體上進行。除非我們已經療癒了身體，否則無法進行全面的情緒療癒。因為我們是在身體裡體驗生命的。

🌱 使用時機：

這些符號可以作為引動的機制，引動出我們需要釋放的能量。這些符號會與乘載有這些印記的細胞溝通，而這些符號也會溝通並將它的高振動頻率刻印到潛意識的心智裡，從而創造出更高的思維模式與療癒能量。

🌱 使用方法：

運用這些圖像的好處之一是它有能力影響蘊含有原始細胞的松果體，這個細胞稱為標記細胞，而這些圖像可以將能量發送到這個原始細胞，而這個原始細胞會依序發送命令給所有其它細胞以達到療癒的目的。

運用這些符號將為你的內在創造一個新的實相，當你這樣做時，你外在的實相也將會改變。這種療癒最美麗的部分就是，療癒於內在層面發生，而過程在身體上是單純而溫和的。與這些符號玩耍，你將發現更多的自己。

174

生命的和諧與接受
Peace and Acceptance of one's life

　　和諧與接受我們的生命，以及因為我們所擁有的豐盛富足
而真正地感到幸福—擁有健康、金錢、衣服、住所帶來的
豐盛富足，以及所有其他我們忽略的豐盛富足。

Peace and Acceptance of one's life and in feeling truly blessed with all the abundance one has - the abundance of health, some money, some clothes to wear, a roof over our head, and all other abundance which we overlook.

吸引生命中的美好事物
Attracting Good Things in Life

可置放在前門入口附近。

To be placed near the front door entrance.

地球動物
Earth Animals

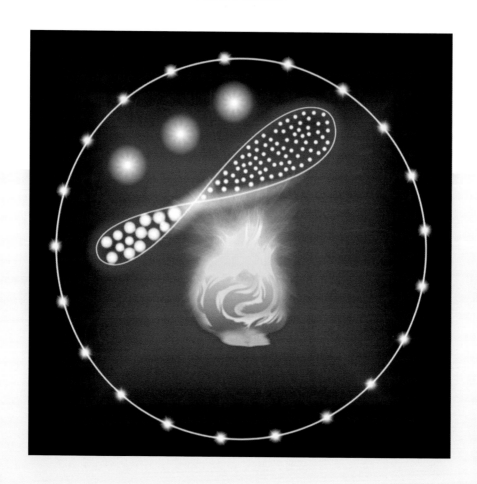

有助於向星球上的所有動物傳送療癒能量。

Helps in sending healing energies to all the animals on the planet.

環境療癒
Environmental Healing

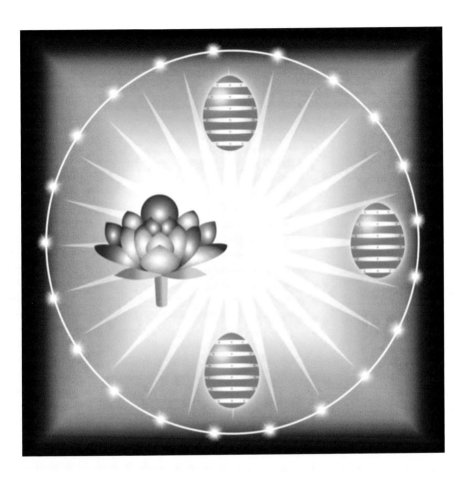

有助於將愛傳送給地球靈魂上的整個大自然。

Helps in sending love to the entire nature on Earth Spirit.

療癒樹木
Healing the Trees

支持我們向所有的樹木傳送愛與療癒的能量。

Supports in sending love and healing energy to all the trees.

行星治療
Planetary Healing

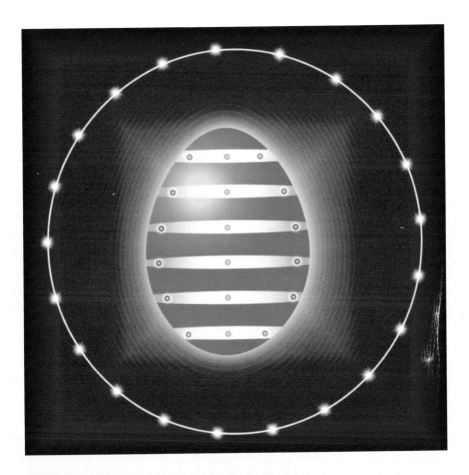

以此符號向我們銀河系的所有行星傳送愛與療癒的能量。

We can send love and healing energy to all the planets in our galaxy using this symbol.

有生產力的
Productive

開啟創造的能量，而當創造的能量被開啟時，我們自然會
變得更有生產力。

To open up the energy of creativity and when this happens, naturally, we
become more productive.

尊重
Respect

開啟尊重自己與尊重他人的能量與理解，當我們尊重自己時，自然也會尊重他人。

To open the energy and understanding of respect for ourselves and others and when we respect ourselves, we naturally respect others.

聰明才智
Smart

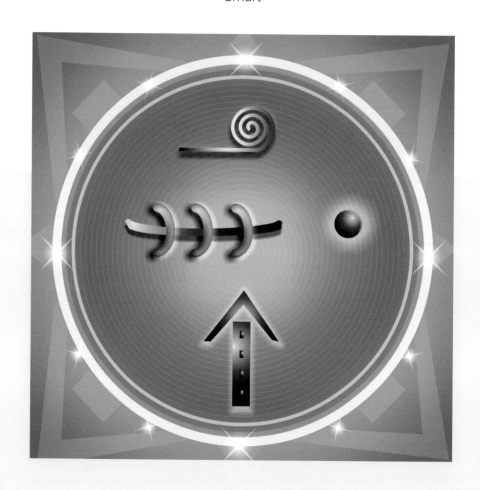

開啟同時存在的眾多可能性。

To open up many possibilities existing simultaneously at the same time.

有助益的能量
Beneficial Energies

支持我們將有助益的能量帶入我們的生命中，可將此符號
置於家中——放在前門附近——就能夠獲得最佳的效果。

Supports in bringing beneficial energies into one's life and which is to
be placed inside the house - for best results - place it near the Front
Entrance Door.

支持
Supporting

透過人類，可喚醒我們獲得支持系統的理解——造物主透過人類向我們傳送支持的能量，而且我們總能得到支持。

To awaken the understanding that we have support system available to us through human beings - that Creator is sending us supporting energy through human beings and we are supported always.

教學
Teaching

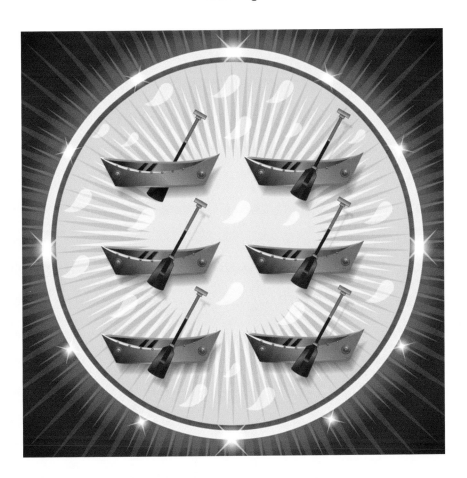

唤醒與所有人分享真實與智慧的能量——我們所學的、分享的與教導的越多，就能獲得越多的智慧與能量。

To awaken the energy of sharing our truth and wisdom with all - what we learn, we share and teach and the more we do, the more wisdom and energy comes to us.

有團隊精神的人
Team Player

喚醒與所有人和諧共處的能力—與我們的朋友、同事、家
人以及我們每天在日常生活中遇到的所有人。

To awaken the ability to be in harmony with all - with our friends,
colleagues, family members and all people we encounter daily in our
lives.

眞實性
Truthfulness

喚醒我們內在真實的能量，並理解存在於每個時刻的不同
層面的真實——我們是否對自己真實？對於我們自己的事
物，我們是否對他人真實？他人是否對我們真實？

To awaken the energy of Inner truth within ourselves and to understand the different levels of truth existing in every moment - are we truthful to ourselves, are we truthful to others about ourselves, are others truthful to us etc.

瑪哈昆達里尼符號

Mahakundalini Symbol Category

如何使用本符號

符號屬性：

瑪哈昆達里尼是地球上最高形式的能量。，也被稱為奧米伽光（Omega Light），它在完全被啓動與整合時可以發射出一對一的最高潛力，那就是完全的自我實現。這種能量有很多層，當所有層都完全整合時，我們就能夠跳脱生與死的循環，並且獲得我們是誰與創造的完全覺知。

這種超神奇能量的每一層都蘊含有我們自己與真理的不同面向，而這種自我實現有助於擺脱阻礙我們前進的能量與思想印記。人們對這種能量的理解是非常有限的，因為它存在的真相一直被保密著，而這便是讓我們的心得到完全解放與自由的關鍵。

隨著地球進入更高的實相，有更多宇宙深奧的真理正在釋放中，這就是其中之一。

使用時機：

所有的靈魂永遠在尋求更高的真理，他們正在透過他們的生活體驗—工作、家庭、金錢、健康問題來尋求這個真理。透過所有這一切，人類正在努力尋找自己。這種自我發現的過程隨著瑪哈昆達里尼能量被喚醒與整合所有的 12 層而加速進行。透過深沈而有節奏的呼吸與啓動身體某些密碼而喚醒。這種覺醒只能在大師臨在時或透過認證的瑪哈昆達里尼教師引導而完成。

使用方法：

它與創造的最初始能量一起運作，而這種能量被嵌入在海

底輪中，如果喚醒它並與之校準，就能夠覺察到自己內在的真實，我們出生以來的人生目標，就是能夠採取創新的行動來支持人類。完全的實現來自於理解到人類在宇宙宏偉計劃中的角色，以及人類在宇宙不斷擴大的意識中所處的地位。在這個自我實現中，我們知道在深層的靈魂層面，我們無法以任何形式與任何東西來辨識出自己，因為我們是在宇宙中縱橫交錯與不斷變化的光粒。

在這裡，放下我們創建的自我，來認同與融入所有的一切。

整合
Integration

瑪哈昆達里尼第七層能量的整合。

7th layer integration of Mahakundalini energy.

覺醒與整合
Awakening Energy and Integration

第七層能量的覺醒與整合。

7th layer of awakening energy and integration.

揚昇與瑪哈昆達里尼密碼
Ascension and Mahakundalini Codes

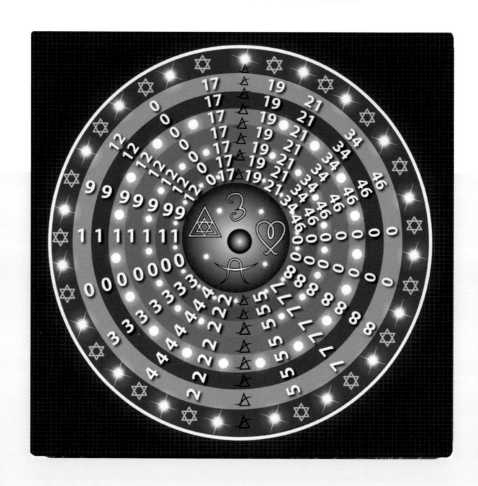

乙太體內的揚昇與瑪哈昆達里尼密碼。

Ascension and Mahakundalini Codes in our Etheric Body.

第三眼
The Third Eye

唤醒並整合位於前額中央已經完全開啟的第三眼。

Awakening and integrating the Fully Opened Third Eye which is in the Centre of the Forehead.

平衡
Balance

在瑪哈昆達里尼能量完全整合之後，所有一切的平衡。

Balance in all things after the Full Integration of Mahakundalini energies.

自我實現 I
Self-Realization Ⅰ

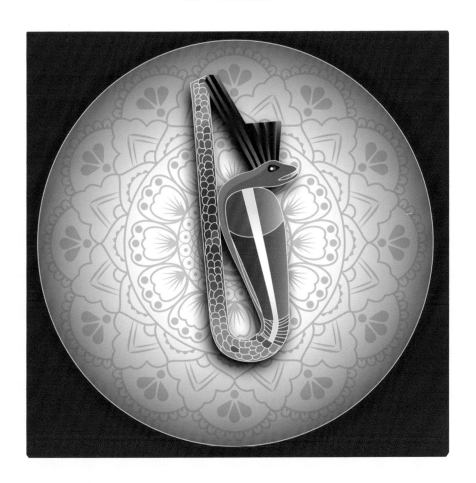

持有完全自我實現的能量。

Holding the energy of one's full Self-Realization.

自我實現 Ⅱ
Self-Realization Ⅱ

這種／自我實現的完全整合與覺知。

Full Integration and knowingness of this/Self-Realization.

完整能量
Full Energy

於內在持有第 12 層整合的完整能量。

Holding the Full energy of 12th layer of Integration within.

療癒分離意識
Healing the Separation Consciousness

與我們自己內在的男神／女神結合以及療癒分離意識。

Joining the God/Goddess within ourselves and Healing the Separation
Consciousness.

瑪哈昆達里尼與合一法則符號
Mahakundalini and the Law of One Symbol

它意味著，只有合一或神的法則，所有一切都來自於合一。

It means, there is only one Law or God and all came from this Oneness.

瑪哈昆達里尼能量
Mahakundalini Energy

豐盛充滿的瑪哈昆達里尼能量。

Mahakundalini Energy in its fullness.

能量場
Energy Field

一個完全覺醒之人的能量場。

A fully awakened human being's energy field.

瑪哈昆達里尼沙克蒂 / 神聖女神
Mahakundalini Shakti/Divine Goddess

完全融合在所有的靈性真理之中。

Fully integrated in all the Spiritual Truths.

SERIES 10
新人類符號
New Human symbols

如何使用本符號

符號屬性：

這些符號是為了地球在 2012 年 12 月 12 日的巨大轉變而從圖特大師傳訊得來的。

使用時機：

這些符號代表這個星球轉變之後，與整合全新的意識之後的新人類，而這個全新的意識也就是第 33 脈輪的能量。這些圖像也代表存在於每個人類身上的潛能，讓每個人類再次成為銀河的一部分並成為銀河的公民。

使用方法：

至少連續 21 天，每天對著這些圖像冥想 21 分鐘，並且將圖像（一個或多個）的能量帶到你的松果體，請求存在松果體中的標記細胞將這些能量派送到所有的細胞裡。你將會立即看到你的振動頻率提高，因為這些圖像將會影響你所有的八個體，並穿透過你所有的八個體所承載的濃稠意識層。

與這些圖像一起修鍊，並且重新塑造自己成為新人類。

協助放下
Helps To Let Go

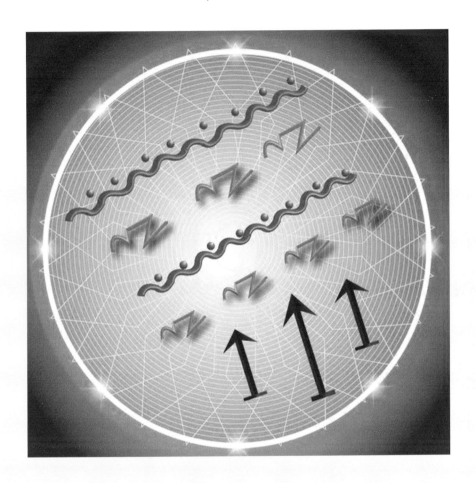

有助於我們對任何結果能夠放下，讓我們與生命中任何時
刻出現的結果和諧地共處。

Helps one to let go of any outcome and to harmonize with the outcome
which is appearing in our lives in any given moment.

新人類
New Human

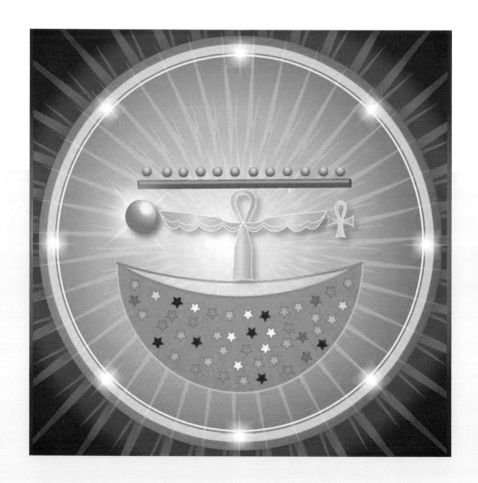

有助於我們得到完全的自由——不是免於負責任，而是無論外在的形勢如何，都能夠保持內心裡的自由。

Helps one to be Totally FREE – not from responsibilities, but also able to maintain Freedom in the heart no matter what the outside circumstances are.

重生
Regeneration

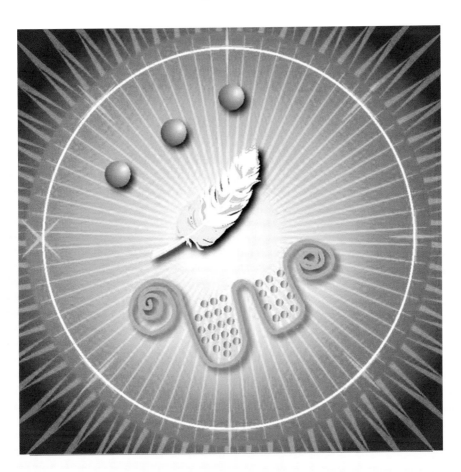

有助於我們持續地重新創造自己。

Helps one to re-create ourselves continuously.

靈魂家族的連結
Soul Family Connection

重新不斷地與我們的靈魂家族／我們不斷轉世投胎的靈魂
家族做連結。

Re-connecting with our Soul Family/ Family of Souls with whom we had
re-incarnated again and again.

靈性平衡
Spiritual Balance

同時在兩個世界裡保持平衡的能力——物理世界與
物質世界。

Ability to be balanced in both worlds – Physical world and material world.

靈性自由
Spiritual Freedom

有助於我們不對任何事物 / 體驗或任何一切執著。

Helps one to be detached and Non-Attachment to things/experiences or anything.

靈性意圖
Spiritual Intention

有助於我們秉持住我們的靈魂所指引的更高真實的遠景。

Helps one to hold the vision of a higher truth as guided by One's Soul.

靈性保護
Spiritual Protection

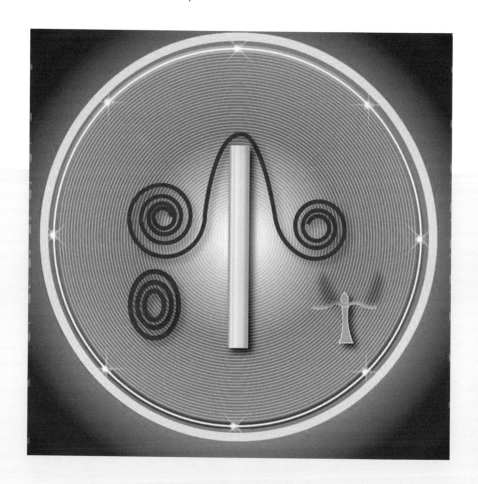

有助於讓我們的能量場免受任何思維投射、精神攻擊、矩陣能量等之影響。

Helps one to maintain one's energy field from all thought projections,
psychic attack, matrix energy, etc.

靈性理解
Spiritual Understanding

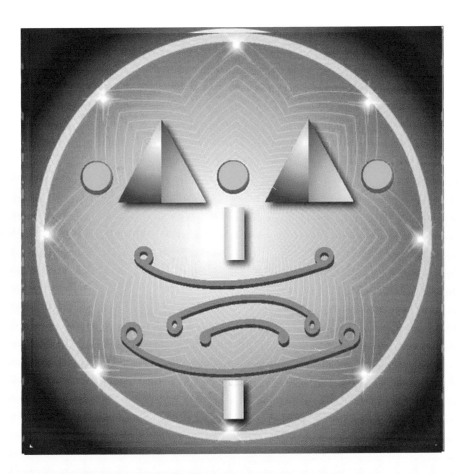

有助於我們理解以及體驗，即所有一切都是持續在移動與
振動的能量，而其形式也一直持續在改變。這能夠協助我
們不與任何事物或任何人產生認同感。

Helps one to understand and experience that everything is Energy
and it is moving and vibrating continuously and its form is changing
continuously. This helps in non-identifying with anything or anybody.

217

SERIES 11

光的符號

Rays Symbol Category

如何使用本符號

～ 符號屬性：

　　光是神的資質或本質。在浩瀚的宇宙中有數以百萬計的光。為達到揚昇的目的，我們必須完全整合 18 道光。每一道光都有其特殊的資質或能量，在十八道光之中，前三道光是最重要的—那就是神的意志之光、神的智慧與愛之光、神的整合與顯化之光。這三道光也代表這個星球上每個人的心，它被稱為心中的三聖火焰。每一道光都有與其相關的大師，而每天召喚這些大師以便定錨這道光的能量，是你唯一需要做的事。每道光都有一個顏色頻率。

～ 使用時機：

　　為達到揚昇的目的，須整合 18 道光。

～ 使用方法：

　　對於最重要的前三道光，請召喚這些大師們：

第一道光：淡紅色—艾莫亞大師
第二道光：藍色—大衛約書亞斯通大師
第三道光：金屬黃色—瑟若佩斯・貝大師

　　其他必須整合的光還有透過自然、美麗、音樂、藝術等理解神的光，其他的則是透過具體的科學、醫學與工程來理解神。

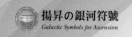
　　有一道光是理解奉獻與靈魂真理，還有另一道光是轉化的
力量：

　　第四道光：綠色—威尼斯的保羅大師
　　第五道光：橙色—希拉靈大師
　　第六道光：淡藍色—桑安達大師
　　第七道光：淡紫色—聖哲曼大師與波西亞女士

　　從第八道光到第十八道光被稱為較高的光，以揚昇為目
的。

第一道光
1st Ray

我們的靈魂與造物主的神聖意志。大師：艾莫亞大師。

Divine Will of One's Soul and Creator.
Master - El Morya.

第二道光
2nd Ray

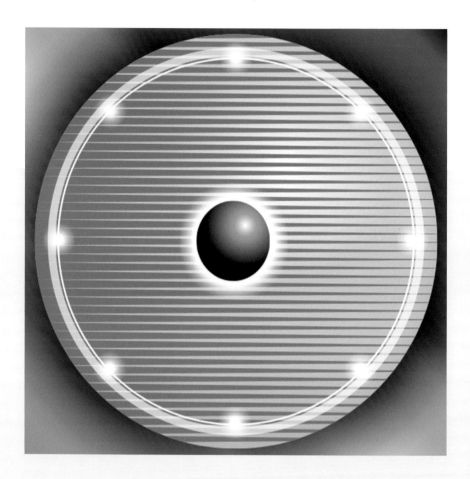

智慧與愛。大師：大衛約書亞斯通大師。

Wisdom and Love.
Master - David Joshua Stone.

第三道光
3rd Ray

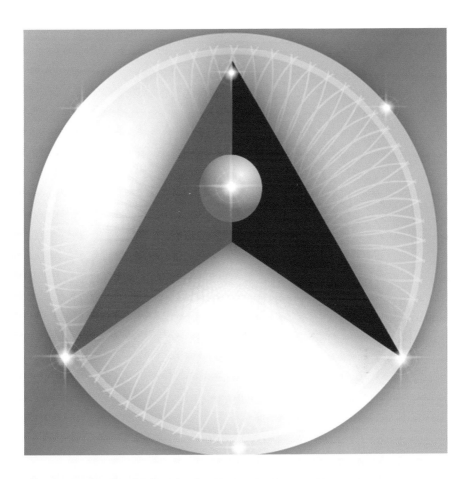

創造性的智力與顯化。大師：瑟若佩斯‧貝大師。

Creative Intelligence and Manifestation.
Master - Serapis Bay.

第四道光
4th Ray

美麗、恩典與接受我們的生命。大師：威尼斯的保羅。

Beauty, Grace and Acceptance of One's Life.
Master - Paul the Venetian.

第五道光
5th Ray

具體的科學、技術與醫學。大師：希拉靈。

Concrete Science, Technology and Medicine.
Master – Hilarion.

第六道光
6th Ray

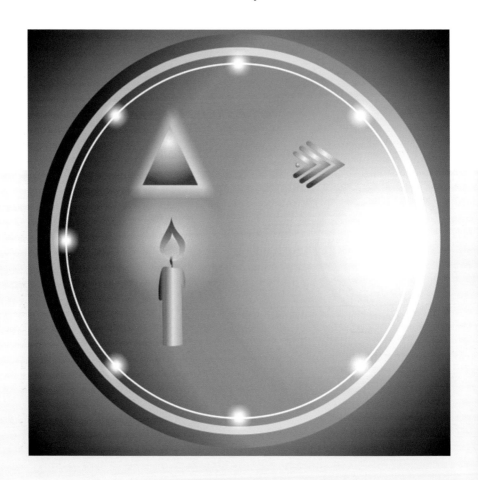

奉獻。大師：撒南達與藍道大師。

Devotion.
Masters - Sananda & Lord Lanto.

第七道光
7th Ray

能量的蛻變。大師：波西亞女士。

Transmutation of Energy.
Master - Lady Portia.

第八道光
8th Ray

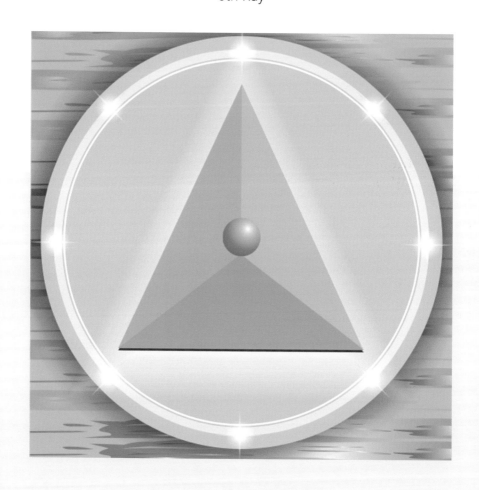

靈魂淨化。大師：娜達女士。

Soul Purification.
Master - Lady Nada.

第九道光
9th Ray

愛與它的各個面向。大師：聖母馬利亞。

Love & its Various Aspects.
Master - Mother Mary.

第十道光
10th Ray

靈魂與單子以及我是臨在的整合。大師：仙女座的上主
與女士。

Soul Integration with Monad and I AM Presence.
Masters - Lord and Lady of Andromeda.

第 11 道光
11th Ray

平衡與中道。大師：觀音。

Balance and the Middle Path.
Master - Lady Kwan Yin.

第 12 道光
12th Ray

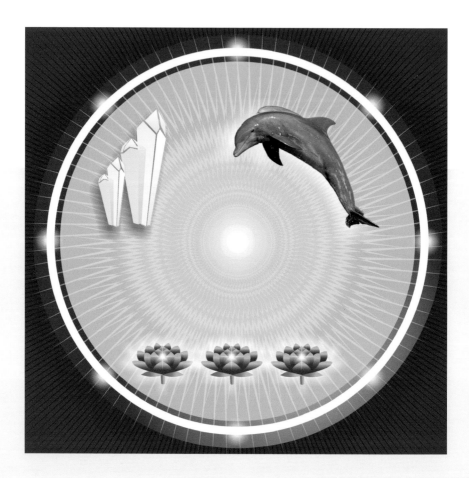

責任，勇氣，智慧與真實。大師：帕拉斯雅典娜。

Responsibility, Courage, Wisdom and Truth.
Master - Lady Palace Athena.

第 13 道光
13th Ray

地球、銀河系、太陽系與宇宙層面的整合。大師：大天使
麥達昶。

Integration of the Earth, Galactic, Solar and Universal Level.
Master - Archangel Metatron.

第 14 道光
14th Ray

內在的指引與覺知。大師：大天使加百列。

Inner Guidance and Knowingness.
Master - Archangel Gabriel.

第 15 道光
15th Ray

神聖的臣服與接受現有的一切。大師：釋迦牟尼。

Divine Surrender and Acceptance of All as it is.
Master – Buddha.

第 16 道光
16th Ray

神聖行動與神聖真實。大師：大天使麥可。

Divine Action and Divine Truth.
Master - Archangel Michael.

第 17 道光
17th Ray

宇宙的基督意識。大師：約瑟夫與梅翠亞。

Universal Christ Consciousness.
Masters - Joseph & Lord Maitreya.

第 18 道光
18th Ray

我是臨在之意識。大師：圖特大師，愛希斯女神與
瑪哈特瑪大師。

I AM Presence Consciousness.
Masters - Master Thoth, Isis & Mahatma.

SERIES 12

星際門戶符號

Star Gate Symbol Category

如何使用本符號

➤ 符號屬性：

星際門戶是我們可以在冥想時進入的門戶，我們可以穿過這些門戶獲得更高的智慧與能量。在地球上有許多高能量的門戶與漩渦，而來自這些門戶的能量能夠影響這些門戶。拜訪這些漩渦與門戶，我們就能夠擁有超凡的體驗，在這種體驗中，我們被轉移到另一個實相中，因為「罩紗」在這些高能量中心點是非常薄的。許多人流傳，在拜訪這些地方時，會處於較高的意識狀態中。

➤ 使用時機：

這些地方反射出我們內在所秉持的一切，而我們內在的不平衡也在這些高能量中心點，反射回來到我們身上，如此就可以療癒與平衡我們的生活。強力推薦大家與這些星際門戶連結與修鍊，特別是針對那些有興趣與來自其他更高實相的「慈愛的外星人」（Extra Terrestrial Beings）接觸的人們。

➤ 使用方法：

地球得到來自不同恆星系統的許多光的存有的支持，祂們將高頻光照射到地球上，而這些高能量中心點或渦旋便是這些能量的主要接收器。冥想時使用本符號，拜訪這些地方對於提昇我們的高振動非常有利。

星際門戶—中國
Stargate Portal – China

大師：阿亞周提克龍——位於中國崑崙山下。

Master – Dragon Ayazhotick – Under the Kunlun Mountains in China.

星際門戶—埃及
Stargate Portal – Egypt

大師：圖特大師與瑪哈利亞大師——位於埃及開羅的吉薩
金字塔下方。

Master–Thoth and Maha-Riya – Under the Giza Pyramids
in Cairo, Egypt.

星際門戶－馬丘比丘
Stargate Portal – Machu Pichu

大師：卡瓦哈大師——秘魯。

Master—Ka-Wa-Ha—Peru.

星際門戶—桃樂市
Stargate Portal –Telos

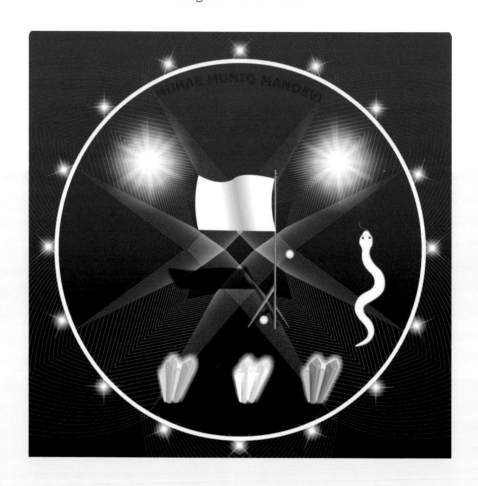

大師：亞當馬。位於美國雪士達山下通往第五次元維度的
門戶，它是通往古代列木里亞世系的門戶。

Master Adama – Portal to 5th dimension under Mount Shasta in US.
Gateway to ancient Lemurian Lineage.

視覺符號

Vision Symbol Category

如何使用本符號

⌣ 符號屬性：

這些圖像是基於薩滿實踐的原則而創建，作為進入我們自己內在的開端（通過靈視般的夢境與想像放下與發現自我的能力）。按順序使用這些圖像—即按照每個步驟的意圖進行，它將帶領我們到另一個自我發現的領域，最終進入內在覺知與智慧之處。

⌣ 使用時機：

在世界各地許多原住民文化中，植物醫學能讓我們在內的進入更高的實相，而這些符號則被做為植物醫學的替代方式。

⌣ 使用方法：

只要讓自己進入我們大腦的較高部分，人們便能夠擁有生活的靈境與畫面，在我們的內在開啟對自己更深刻的理解。這也與薩滿實踐的靈境追尋很類似。發現你較高的心智所蘊藏的一切，你的偉大就蘊含在自我發現的過程之中。

入口
Entrance

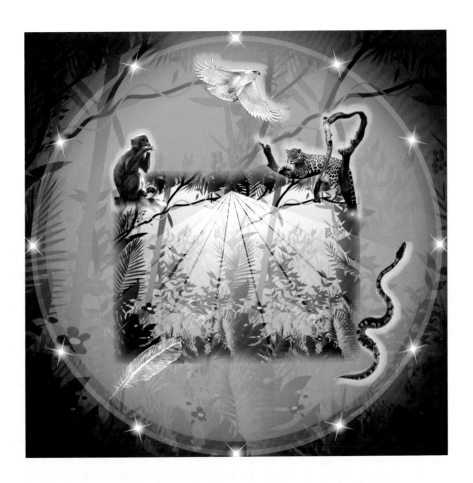

在薩滿的傳統裡——當我們進入預言性的體驗時，許多靈
性動物的存有會出現在我們的視覺裡，而每個出現的動物
靈魂背後，都賦有給予我們指引的意義。

In shamanic tradition – When we undertake a visionary experience, many
spirit animal beings appear in one's vision and there is meaning behind
each animal spirit appearing and giving us guidance.

247

巨大的開口
Grand Opening

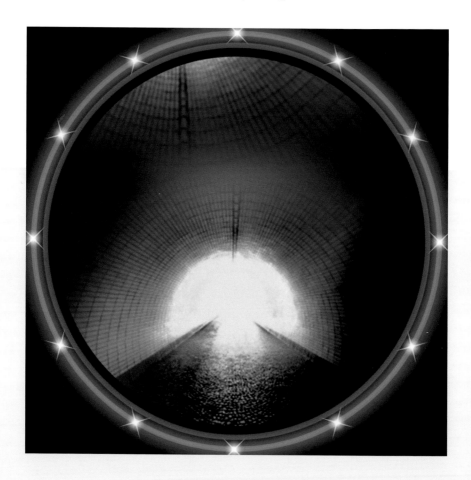

開啟並且進入一個新的次元維度。

Opening and entering into a new dimension.

連接（藍色部分）
Connection – (Blue color one)

連接就是與這個新次元維度中的能量同在。

Connection is being with the energy in this new dimension.

內在的門戶
Inner Portal

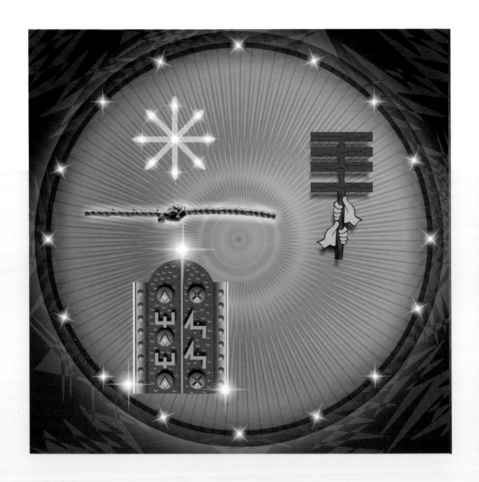

進入意識的新門戶。

Entering the new portal of consciousness.

水晶殿
Crystalline Hall

知識的殿堂。

The hall of Knowledge.

隆重地步入合一
Grand Entry Into Oneness

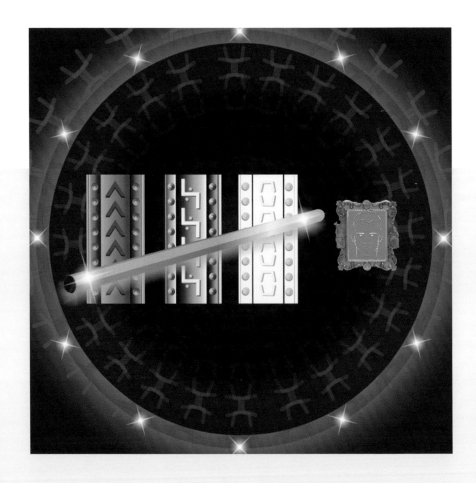

恢復記憶並且重新與我們的高我 / 我們的靈魂連接。

Remembering and re-connecting with our Larger Selves/Our Soul.

溝通
Communications

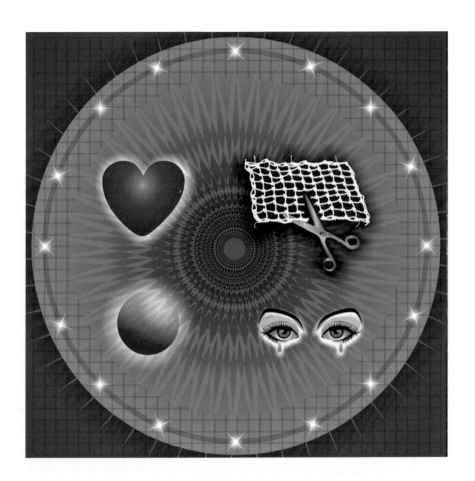

理解我們的生命，我們的模式與現在主宰著我們生命的信念，以及我們為了療癒這些面向而採取的步驟。

Understanding our life, our patterns and beliefs which rule our life presently and the steps we take to heal these aspects.

釋放
Release

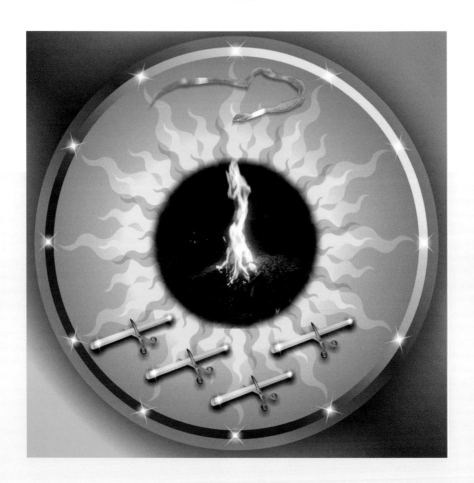

放下那些不再支持我們的一切。

Letting go of what does not serve us any more.

療癒
Healing

當我們進行釋放時，療癒便自然而然地發生。

When release takes place, healing naturally occurs.

恢復記憶
Remembrance

當釋放與療癒發生時，我們自然就記起我們是誰。

When releasing and healing take place, naturally we remember who we are.

純潔
Purity

在恢復記憶的當下，我們也開始體驗純真 / 天真無邪以及
我們內在的靈魂。

In that remembrance, we start to experience our purity/our innocence
and the Spirit within us.

影像
Visions

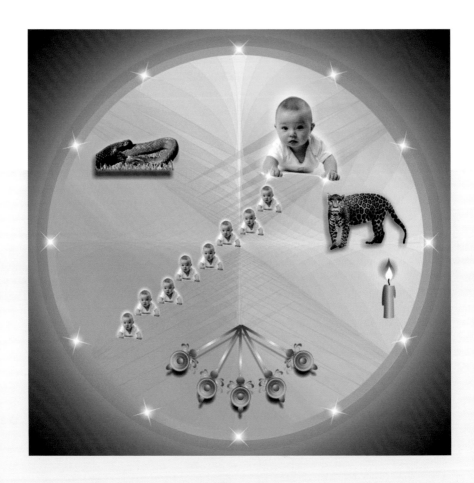

在恢復記憶的當下，我們開始看到影像——更新版本的自
己與我們對創造的理解。

In that remembrance, we start to have visions – newer versions of
ourselves and our understanding of Creation.

轉變
Transformation

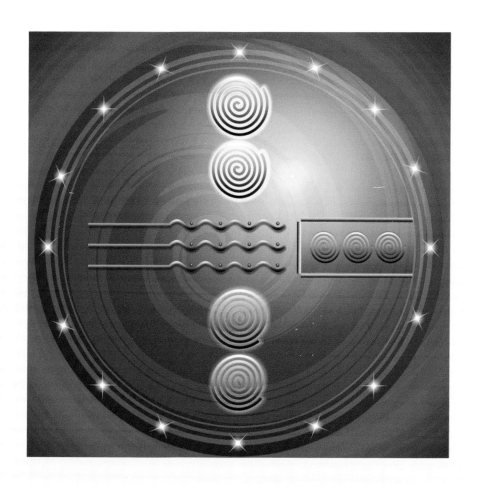

這些影像協助我們轉變自己，並且回歸內在的核心。

These visions help us to transform ourselves and come back to our Inner Core.

整合
Integration

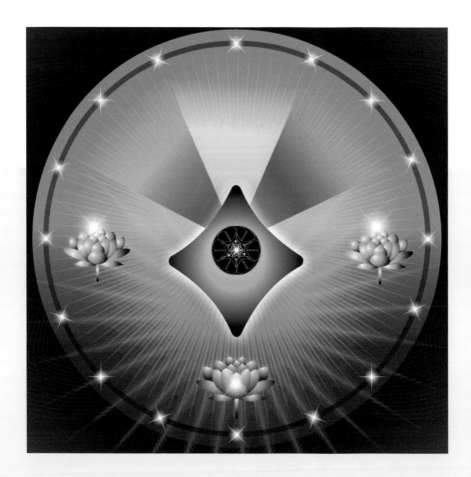

現在我們已經準備好，於我們的內在整合這種新意識。

Now we are ready to integrate this new awareness within ourselves.

聲音符號

Sound Symbol Category

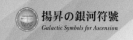
如何使用本符號

～ 符號屬性：

　　宇宙是由聲音構成的。一開始只有單字，而那個單字便是聲音。宇宙中的一切都是由聲音與幾何構成的，我們身為人類也是由這兩者所構成。

　　我們的內在有聲音密碼，以及八種幾何圖案，而由我們身體發出的聲音影響著這些能量。我們的想法是聲音頻率，我們所發展的第一感官便是聲音的感知。聲音有轉移能量的能力，而許多文化把聲音作為療癒方式。

～ 使用時機：

　　在許多宗教崇拜的地方，聲音能用來創造一個能量場，讓人們可以獲取那裡存在的更高能量（聖歌、吟唱、音調之旨，在於創建能夠接收更高能量的開口）。

　　聲音對我們的健康與幸福也有深遠的影響。我們早上醒來時聽到的第一個聲音，對人體與我們的情緒健康，有著深遠的影響。

～ 使用方法：

　　我們創造與體驗的每一種情緒，都有一個能量場域。你靈魂的名字就是一個聲音頻率。你此生的名字是一個聲音頻率。你只需調音或默默地吟唱你的名字，一段時間之後你將開始於你的內在創造平衡的能量。

　　這些圖像描繪了當我們展現特定的情緒狀態時，所創造的能量場。運用這些聲音符號，你將會開始發現自己的個人聲音頻率。

　　我邀請你來到這個迷人的聲音世界。

顏色之聲
Sound of Colors

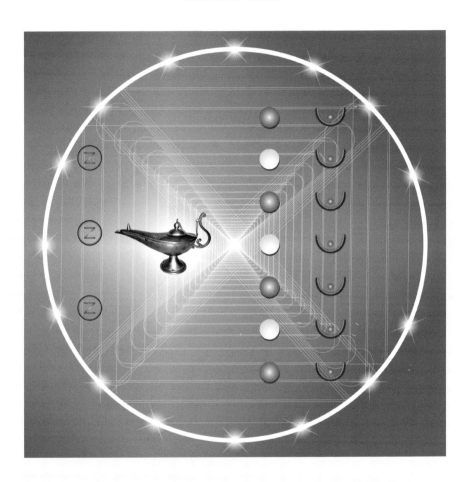

我們的身體會散發出色調，而此色調會受到我們情緒的影響。當我們內在和諧時，顏色就會變得像首完美的音樂旋律。

Our body emits color tones and this is affected by our emotions and when we are in harmony, then our colors become like perfect musical melody.

恐懼之聲
Sound of Fear

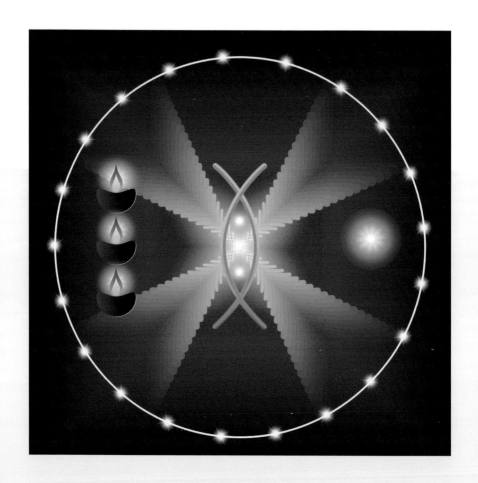

當我們恐懼時，外在的能量場就會崩解。這個符號有助於
重新恢復能源場。

When fearful, out energy field collapses. This symbol helps one to regain
the energy field.

喜悅之聲
Sound of Joy

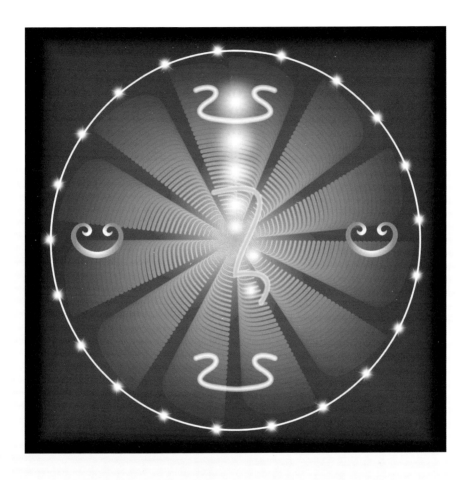

我們的能量場與所有的創造和諧共處，它看起來就像這
樣—與所有一切和諧共處。

Our energy field is in harmony with all of creation and it looks like this –
in harmony with all.

愛之聲
Sound of Love

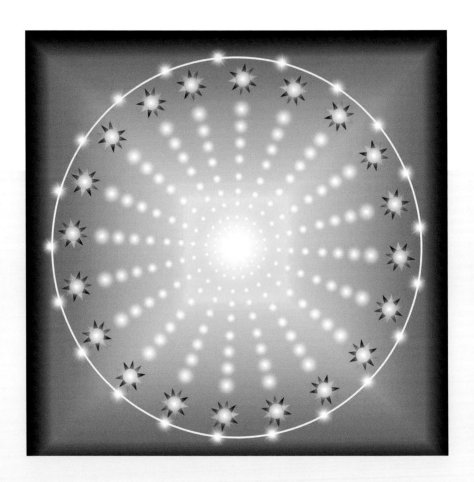

我們的能量場延伸超越我們自己，並且與許多的實相及次
元維度融合──自我的外在表達。

Our energy field is extending beyond ourselves and melding into many
realities and dimensions – outward expression of oneself.

寂靜之聲
Sound of Silence

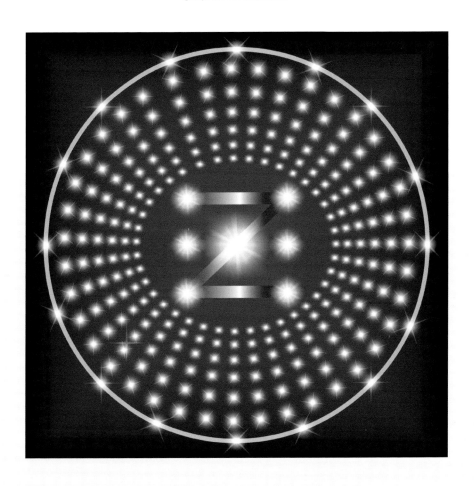

當我們的內在沈默時，我們的能量場看起來就像這樣 ——
柔和的並且與紫色的愛之顏色振動。

When we are silent internally, our energy field looks like this – soft and
vibrating with the color of love which is purple in color.

觸感之聲
Sound of Touch

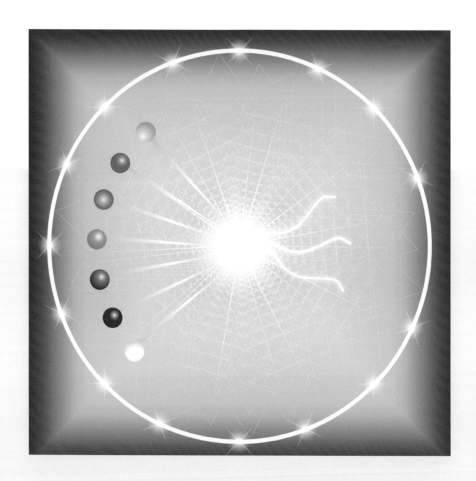

當我們內在和諧與喜悅時，手的溫柔觸摸就會成為動作與
能量的舞蹈，能夠提升及療癒我們。

When we are in harmony and joy, then the gentle touch with our hands
becomes a dance of movement and energy which uplifts and heals.

Note

Dear Mia,

Embrace Change
Have Courage.
Step into your
Role
of the new human.

RG
2024/8/15

Note

生命潛能出版圖書目錄

心靈成長系列		作者	譯者	定價
ST01124	預見未知的高我	弗瑞德‧思特靈 Fred Sterling	林瑞堂	380
ST01125	邀請你的指導靈	桑妮雅‧喬凱特 Sonia Choquette	邱俊銘	380
ST01126	來自寂靜的信息	李耳納‧傑克伯森 Leonard Jacobson	鄭羽庭	320
ST01127	呼吸的神奇力量	德瓦帕斯 Devapath	黃翎展	270
ST01128	當靜心與諮商相遇	史瓦吉多 Svagito R. Liebermeister	莎薇塔	380
ST01129	靈性法則之光	黛安娜‧庫柏 Diana Cooper	沈文玉	320
ST01130	塔羅其實很簡單	M. J. 阿芭迪 M. J. Abadie	盧娜	280
ST01134	齊瑞爾訊息：創世基質	弗瑞德‧思特靈 Fred Sterling	邱俊銘	340
ST01136	綻放直覺力	金‧雀絲妮 Kim Chestney	許桂綿	280
ST01137	點燃療癒之火	凱若琳‧密思博士 Caroline Myss, Ph.D.	林瑞堂	380
ST01139	我值得擁有一切美好的改變	露易絲‧賀 Louise L. Hay	蕭順涵	250
ST01140	齊瑞爾訊息：重返列木里亞	弗瑞德‧思特靈 Fred Sterling	林瑞堂	380
ST01142	克里昂訊息：DNA 靈性 12 揭密	李‧卡羅 Lee Carroll	邱俊銘	380
ST01143	重拾靈魂悸動	桑妮雅‧喬凱特 Sonia Choquette	丘羽先	280
ST01147	女人愈熟愈美麗	莎拉‧布洛考 Sarah Brokaw	盧秋瑩	350
ST01149	你的人生不一樣	露易絲‧賀 Louise L. Hay & 雪柔‧李察森 Cheryl Richardson	江孟蓉	250
ST01154	創造生命的力量（附光碟）	露易絲‧賀 Louise L. Hay	吳品瑜	280
ST01155	開心曼陀羅	林妙香		280
ST01156	天使之藥	朵琳‧芙秋博士 Doreen Virtue, Ph.D.	陶世惠	340
ST01157	願望	安潔拉‧唐諾凡 Angela Donovan	楊佳蓉	300
ST01158	居家魔法整理術	泰絲‧懷特赫思特 Tess Whitehurst	林群華	300
ST01159	通向宇宙的鑰匙	黛安娜‧庫柏 Diana Cooper & 凱西‧克洛斯威爾 Kathy Crosswell	黃愛淑	380
ST01161	中年不敗	潔西卡‧卡吉爾湯普生 Jessica Cargill-Thompson & 約翰‧歐康乃爾 John O'Connell	游懿萱	250
ST01162	不費力的靜坐	阿嘉彥‧波伊斯 Ajayan Borys	舒靈	300
ST01163	水晶高頻治療 (2)	卡崔娜‧拉斐爾 Katrina Raphaell	奕蘭	300
ST01164	夢想的顯化藝術	偉恩‧戴爾博士 Wayne W. Dyer	非語	300
ST01165	凱若琳的人格原型書	凱若琳‧密思 Caroline Myss	林瑞堂	360
ST01167	通往幸福的奇蹟課程	蓋布麗兒‧伯恩絲坦 Gabrielle Bernstein	謝明憲	360
ST01168	新世代小孩與人類意識大蛻變	P.M.H. 阿特沃特 P. M. H. Atwater	楊仕音	350
ST01170	人間天使的決斷力	朵琳‧芙秋博士 Doreen Virtue, Ph.D.	林瑞堂	300

ST01173	奧修靜心治療	史瓦吉多 Svagito R. Liebermeister	陳伊娜	420
ST01175	為人生帶來奇蹟的魔法書	山川紘矢 & 山川亞希子	李瓔祺	300
ST01176	來自長島靈媒的療癒訊息	特蕾莎·卡普托 Theresa Caputo	非語	320
ST01177	遇見神奇獨角獸	黛安娜·庫柏 Diana Cooper	黃愛淑	380
ST01178	托爾特克愛的智慧之書	唐·梅桂爾·魯伊茲 Don Miguel Ruiz	非語	260
ST01179	初學者的內觀禪修	傑克·康菲爾德 Jack Kornfield	舒靈	250
ST01180	療癒破碎的心	露易絲·賀 Louise Hay & 大衛·凱斯勒 David Kessler	謝明憲	280
ST01181	當下是良師	佩瑪·丘卓 Pema Chödrön	舒靈	280
ST01182	天使塔羅全書	朵琳·芙秋博士 Doreen Virtue, Ph.D. & 羅賴·瓦倫坦 Radleigh Valentine	星宿老師（林樂卿）	350
ST01183	看見神性生命的奇蹟	偉恩·戴爾博士（Wayne W. Dyer）	非語	420
ST01184	靈性能量淨化書	泰絲·懷特赫思特 Tess Whitehurst	陳麗芳	300
ST01185	天使能量排毒法	朵琳·芙秋博士 Doreen Virtue Ph.D. & 羅伯·李維 Robert Reeves	黃愛淑	420
ST01186	天使占星學	朵琳·芙秋博士 Doreen Virtue, Ph.D. & 亞思敏 Yasmin Boland	陳萱芳	720
ST01187	情緒藝術	露西雅·卡帕席恩博士 Lucia Capacchione Ph.D.	沈文玉	350
ST01188	五次元的靈魂揚昇	黛安娜·庫柏 Diana Cooper & 提姆·威德 Tim Whild	黃愛淑	450
ST01189	天使數字書 (2016 年版)	朵琳·芙秋博士 Doreen Virtue, Ph.D.	王愉淑	300
ST01190	催眠之聲伴隨你 (2016 年版)	米爾頓·艾瑞克森 Milton H. Erickson & 史德奈·羅森 Sidney Rosen	蕭德蘭	450
ST01191	假面恐懼	麗莎·蘭金博 Dr. Lissa Rankin	非語	450
ST01192	天使夢境國度	朵琳·芙秋博士 Doreen Virtue, Ph.D. & 梅麗莎·芙秋 Melissa Virtue	黃春華	320
ST01193	高敏感族自在心法	伊蓮·艾融 Elaine N. Aron	張明玲	480
ST01194	喜悅之道	珊娜雅·羅曼 Sanaya Roman	王季慶	400
ST01195	開放通靈	珊娜雅·羅曼 Sanaya Roman & 杜安·派克 Duane Packer	羅孝英	450
ST01196	創造金錢	珊娜雅·羅曼 Sanaya Roman & 杜安·派克 Duane Packer	羅孝英	450
ST01197	個人覺知的力量	珊娜雅·羅曼 Sanaya Roman	羅孝英	420
ST01198	如是	許宜銘		350
ST01199	光行者	朵琳·芙秋博士 Doreen Virtue, Ph.D	林瑞堂	400
ST01200	靈魂之愛	珊娜雅·羅曼 Sanaya Roman	羅孝英	450
ST01201	七道神聖火燄	奧瑞莉亞·盧意詩·瓊斯	陳菲	450

ST01202	靈魂ＤＮＡ第一部	雷‧強德蘭＆羅伯‧波洛克 Rae Chandran & Robert Mason Pollock	林瑞堂	750
ST01203	靈魂ＤＮＡ第二部	雷‧強德蘭＆羅伯‧波洛克 Rae Chandran & Robert Mason Pollock	林瑞堂	380
ST01204	三大超能力	桑妮雅‧喬凱特 Sonia Choquette	舒靈	380
ST01205	不要讓人黯淡你的光	朵琳‧芙秋博士 Doreen Virtue, Ph.D.	林瑞堂	380
ST01206	我的毛小孩是狗醫生	梅麗莎‧菲‧葛林 Melissa Fay Greene	黃春華	480
ST01207	我懂，你的獨舞世界	貝瑞‧普瑞桑＆湯姆‧菲爾斯梅斯 Barry M. Prizant & Tom Fields-Meyer	李怡萍	520
ST01208	天使水晶 444	阿蓮娜‧菲雀爾德 Alana Fairchild	黃春華	1580

心靈塔羅系列		作者	譯者	定價
ST11016	聖地國度卡	柯蕾‧鮑隆瑞 Colette Baron-Reid	王培欣	850
ST11020	揚昇大師神諭卡	朵琳‧芙秋博士 Doreen Virtue, Ph.D.	鄭婷玫	850
ST11024	靛藍天使指引卡	朵琳‧芙秋博士 Doreen Virtue, Ph.D. & 查爾斯‧芙秋 Charles Virtue	王培欣	850
ST11026	神奇花朵療癒占卜卡	朵琳‧芙秋博士 Doreen Virtue, Ph.D.& 羅伯‧李維 Robert Reeves	陶世惠	850
ST11030	生命療癒卡 (2015 年新版)	凱若琳‧密思 Caroline Myss, Ph. D & 彼得‧奧奇葛羅素 Peter Occhiogrosso	林瑞堂	850
ST11032	守護天使塔羅牌	朵琳‧芙秋博士 Doreen Virtue, Ph.D. & 羅賴‧瓦倫坦 Radleigh Valentine	林瑞堂	1280
ST11033	神奇美人魚與海豚指引卡 (2016 年版)	朵琳‧芙秋博士 Doreen Virtue Ph.D.	陶世惠	1180
ST11034	大天使神諭占卜卡 (2016 年版)	朵琳‧芙秋 Doreen Virtue, Ph.D.	王愉淑	1180
ST11035	天使回應占卜卡 (2016 年版)	朵琳‧芙秋 博士 Doreen Virtue & 羅賴‧瓦倫坦 Radleigh Valentine	黃春華	1180
ST11036	天使夢境神諭卡	朵琳‧芙秋 博士 Doreen Virtue, Ph.D. & 梅麗莎‧芙秋 Melissa Virtue	黃春華	1200
ST11037	天使療癒卡 (2016 年版)	朵琳‧芙秋 博士 Doreen Virtue, Ph.D.	陶世惠	1180
ST11038	天使塔羅牌	朵琳‧芙秋博士 Doreen Virtue, Ph.D.& 羅賴‧瓦倫坦 Radleigh Valentine	王培欣、王芳屏	1680
ST11039	愛希斯埃及女神卡	阿蓮娜‧菲雀爾德 Alana Fairchild	黃春華	1280
ST11040	愛的絮語占卜卡	安潔拉‧哈特菲爾德 Angela Hartfield	黃春華	1380
ST11041	觀音神諭卡	阿蓮娜‧菲雀爾德 Alana Fairchild	黃春華	1580
ST11042	自然絮語占卜卡	安潔拉‧哈特菲爾德 Angela Hartfield	黃春華	1380

感謝所有支持及關心生命潛能的廣大讀者群，即日起，
掃描生命潛能官方LINE@ QR Code，您將能獲得：

◆官網專屬購物金
◆當月出版新書資訊
◆不定期享有獲得活動特殊好禮機會
◆新舊書優惠特價資訊
◆最新活動及工作坊開課資訊

Scan me

生命潛能出版社　讀者回函卡

姓名：_____ 性別：□男 □女 年齡：_____
電話（含手機）：_____
E-mail：_____
購買書名：_____
購買方式：□書店 □網路 □劃撥 □直接來公司門市 □活動現場 □贈送 □其他 _____
何處得知本書訊息：□逛書店 □網路 □報章雜誌 □廣播電視 □讀書會 □他人推廣 □圖書館
　　　　　　　　　□演講、活動 □書訊 □其他 _____
購書原因：□主題 □作者 □書名 □封面吸引人 □書籍文案 □價格 □促銷活動

感興趣的身心靈主題：□天使系列 □高靈/靈魂系列 □塔羅牌/占卜卡 □心理諮商 □身體保健
　　　　　　　　　　□身體保健 □兩性互動 □親子教養 □水晶系列 □冥想/瑜珈
對此書的意見：

期望我們出版的主題或系列：

【聆聽您的聲音　讓我們更臻完美】

　　謝謝您購買本書。對於本書或其他生命潛能的
出版品項，若您有任何建議與感想，歡迎您將上
方的「讀者回函卡」（免郵資）或掃描線上版的
讀者回函表，填妥後寄出，讓我們更能了解您的
意見，作為出版與修正的參考。非常感謝您！

線上版讀者回函表

內在價值系列課程（一階/二階）

也許，在快樂與不快樂、矛盾與茫然中，
渡過一天又一天。
偶爾你會疑惑：
我的生活就是這樣了嗎？
我真正想要的究竟是什麼？
對現在的生活，我真的感到快樂嗎？

請試著花點時間認識自己的內在，
聽聽那些沒被聽到的快樂與不快樂聲音，
當我們看清楚生命中瞬間的選擇關鍵，
或許便走出經年累月循環的生命輪迴。

課程主旨：
🍃透過覺察，看見自己關係中的盲點。
🍃感受自己的內在情緒，能安心地表達。
🍃練習做出最適合自己的關係抉擇。

邀請你，將以前的小怪物，
　歷經歲月悠轉，
　　　以陰暗面見證生命的亮度，
　　　　喚醒你內在的溫柔力量！

11167台北市承德路四段234號8樓
TEL 02-28833989 FAX 02-28836869
www.tgblife.com.tw

請掃此得知課程訊息

心靈成長系列 209

揚昇の銀河符號

原著書名｜ Galactic Symbols for Ascension
作　者｜雷·強德蘭 (Rae Chandran)
譯　者｜ Austin Chen
執行編輯｜陳莉萍
美術編輯｜陳傳家
總　　監｜王牧絃
發 行 人｜許宜銘
出版發行｜生命潛能文化事業有限公司
聯絡地址｜台北市士林區承德路四段 234 號 8 樓
聯絡電話｜ (02) 2883-3989
傳　　真｜ (02) 2883-6869
郵政劃撥｜ 17073315　戶名 / 生命潛能文化事業有限公司
E- MAIL ｜ tgblife66@gmail.com
網　　址｜ http://www.tgblife.com.tw
郵購單本九折，五本以上八五折，未滿 1500 元郵資 80 元，購書滿 1500 元以上免郵資

內文編排｜華剛數位印刷有限公司｜ (02) 2776-4086
印　　刷｜中華彩色印刷·電話｜ (02) 2915-0123
法律顧問｜大壯法律事務所 賴佩霞律師
版　　次｜ 2018 年 7 月初版
定　　價｜ 720 元

ISBN：978-9869632812
Galactic Symbols for Ascension
Copyright © 2018 by Rae Chandran and Naomi Miyazaki. All Rights Reserved.
Complex Chinese Translation Copyright © 2018 by Life Potential Publications.

國家圖書館出版品預行編目（CIP）資料

揚昇の銀河符號 / 雷.強德蘭 (Rae Chandran) 著；
Austin Chen 譯 . -- 初版 . -- 臺北市：生命潛能文化，
2018.07
　面；　公分 . -- (心靈成長系列；209)
　譯自：Galactic symbols for ascension
　ISBN 978-986-96328-1-2(平裝)

1. 心靈學 2. 靈修
175.9　　　　　　　　　　　　107009392